KB169704

연상 한자

문화를 따라 꼬리에 꼬리를 무는 한자

연상한자

문화를 따라 꼬리에 꼬리를 무는 한자

저자 하영삼(河永三)
발행인 정우진
표지 디자인 김소연
펴낸곳 도서출판3

초 판 1쇄 발행 2004년 10월 07일
개정판 1쇄 발행 2019년 12월 25일

등록번호 제2018-000017호
주소 서울특별시 강북구 솔샘로 174, 133동 2502호
전화 070-7737-6738 전자우편 3publication@gmail.com
팩스 051-751-6738
홈페이지 www.hanja.asia

ISBN: 979-11-87746-35-5(93710)

이 도서의 국립중앙도서관 출판예정도서목록(CIP)은 서지정보유통지원시스템
홈페이지(http://seoji.nl.go.kr)와 국가자료종합목록 구축시스템(http://kolis-net.nl.go.kr)에서 이용하실 수
있습니다. (CIP제어번호 : CIP2019049714)

연상 한자

문화를 따라 꼬리에 꼬리를 무는 한자

하영삼 지음

도서출판 **3**
3Publisher

꼬리를 물며 술술 외워지는 한자,
학습, 논술, 취업, 중국어, 일본어가 쉬워지는 첫걸음

어원 풀이와 연상 한자로
문화적 상상력을 계발

하영삼 교수의 한자정복 삼부작

『연상한자』 문화를 따라 꼬리에 꼬리를 무는 한자
『부수한자』 어원으로 읽는 214부수 한자
『뿌리한자』 150개 문화어휘에 담긴 지혜의 깊이

들어가는 말

한자만큼 격렬한 부침을 겪은 문자가 또 있을까? 가장 탈 이데올로기적인 존재이면서도 이데올로기의 가장 민감한 지배를 받았던 한자. 서양의 중국 지배가 한창이던 20세기 초, 한자는 중국의 진보적 지식인들에 의해 공자와 함께 중국에서 없어져야 할, 그러지 않고서는 중국의 미래를 담보할 수 없는 존재로 규정되었다. 그래서 그들이 정권을 잡은 중화인민공화국에 들어서는 한자를 알파벳으로 바꾸기 위한 대단히 위험한 시도가 이루어졌다. 알파벳 문자로 가기 전 과도기적 단계로 만든 것이 지금 중국에서 쓰이고 있는 간화자(簡化字)이다. 1960년대 문화대혁명 때에는 지금의 간화자 보다 더욱 줄인 제2차 간화방안이 시행되었고, 언제나 한어병음이라는 알파벳과의 병기를 의무화하기도 했었다.

하지만 문화대혁명의 종결로 한자는 극적인 반전을 이룰 수 있었다. 1980년대 말, 개혁개방정책의 성공으로 그들은 한자로 대변되는 중국의 과거와 전통에 자신을 갖기 시작했고, 한자의 명예는 회복되었다. 그리고 중국이 국제사회의 가장 주목받는 주체로 등장한 21세기 초, 한자는 가장 미래적이고 세계적인 문자이자 중국 문명의 자존심으로 규정되기에 이르렀다. 특히 지금은 G2의 한 축으로, 또 4차 산업혁명시대 인공지능 연구를 선도하는 중국이기에 더욱 그렇다.

우리도 그 정도는 아니었지만 역대 정권에 따라, 심지어는 일개 장관의 취향에 따라 한자 정책이 달라졌고, 혼용과 병기, 폐지와 부활의 실험이 계속되었다. 때로는 민족 감정과 연결되어 반민족적인 문자로, 때로는 국제화의 도구로 규정되어 미래의 자산으로 변신을 반복하기도 했다.

21세기 다원사회를 살며 국제사회를 지향하는 오늘날의 세계에서 한자가 우리의 문자인가의 여부를 논하거나 한자를 우리의 민족적 자존심과 연계시키는 것은 더 이상 무의미할는지도 모른다. 탈 국가, 탈 민족의 국제화 시대, 동아시아를 살고 있는 지금, 적어도 동아시아 문명의 기저에는 한자가 자리 잡고 있기에 한자를 떠나 이 문명을 이해하기는 불가능하다. 게다가 한자가 대변하는 아시아적 가치는 왜곡된 서구중심주의의 균형을 바로잡는 데도 대단히 유용하다. 그래서 적어도 동아시아를 이해하고 동아시아에서 교양인으로 살아가고, 좀 더 고급적인 문화를 향유하기 위해서는 한자의 이해는 필수적이이다. 심지어 우리말과 우리 문화의 더 깊은 이해와 사랑을 위해서는 더더욱 그렇다. 더구나 국가 간 민족 간 경계가 사라진 지금의 시대에서 한자는 세계와 소통할 중요한 도구가 되었다.

한자가 어렵고 비논리적이라고들 하지만, 사실 한자는 그렇게 어렵고 비논리적인 문자 체계가 결코 아니다. 단지 우리가 익숙하게 알고 있는 알파벳 문자와 다른 체계를 갖고 있기 때문에 그렇게 생각될 뿐이다. 한자의 한 글자는 영어에서의 한 단어에 해당하기 때문에 한자의 수를 알파벳 자모와 단순하게 비교하는 것은 무지에 다름 아니다. 사전에는 수만 자의 한자가 수록되어 있지만 현실 생활에서 쓰이는 한자는 매우 적다. 사전에 실린 한자가 동시에 쓰인 적은 한 번도 없다.

지금도 900자만 알면 중국에서 출판되는 모든 출판물의 90%를, 2,400자만 알면 99% 이상 해독이 가능하는 통계가 있다. 또 그 2,400자라 해도 모두가 개별적인 것이 아니라, 그보다 훨씬 적은 수의 기초자들이 둘 이상 결합하여 생성된 글자들이다. 기초자, 그것은 지금의 '부수'라는 개념으로 이해할 수 있으며, 우리의 옥편에서는 214개로, 최초의 한자사전인 『설문해자』에서는 540개로 보았다. 더욱 양보해서 600~700자 정도의 기초자만 숙지한다면 나머지 한자들은 그것에 기초하여 연계 짓고 추리하고 확장해 나가며 쉽게 익힐 수 있는 것이 한자이다.

한자는 알파벳 문자와는 달리 형체 속에 뜻을 고스란히 담고 있으며, 원래의 뜻에서 확장되는 파생 의미 역시 대단히 체계적이며 '논리적인' 법칙을 갖고 있다. 그래서 그것을 쉽게 자연스럽게 파악할 수 있다. 한자가 탄생한 지 수 천 년이 지났는데도 말이다.

이 책은 한자의 이러한 특성에 주목하여 가장 기초되는 500여 글자를 대상으로 탄생에서부터 지금에 쓰이는 한자까지의 어원을 풀이하고, 보다 쉽고 체계적으로 관련 한자들을 '연상'시켜 이해하도록 함으로써 그 속에 담긴 문화적 상상력을 계발시키고자 기획되었다.

이에 필자는 한자를 단순한 문자가 아닌 신화로, 문화로, 그리고 역사로 읽기를 권한다. 여기서 신화란 그만큼 오래 되었다는 의미이자, 고대의 가치 체계를 반영하고 있으며, 동시에 오늘날 어떤 형태로든 우리의 의식 속에 깔려 있는 어떤 구조를 담고 있다는 의미이기도 하다. 그리고 그것은 근대의 합리적 사유와 양립하기 힘든 관념들을 포함하고 있다는 의미이기도 하다. 프로이트가 말한 '언캐니(uncanny)'처럼 예전에는 아주 익숙했던 것이 이제는 기이한 것으로 되돌아와 있는 것이기도 하다.

물론 한자와 신화는 다르다. 한자는 우선 의사소통과 기록을 목적으로 하는 문자이고, 신화는 고대에서부터 전해 내려오는 이야기이다. 하지만 모든 신화가 증명될 수 없는 것과 마찬가지로, 모든 한자의 어원과 뿌리가 나 증명될 수 있는 것은 아니다. 그것은 우리의 역사도 마찬가지이지 않은가? 우리는 고대사회의 역사를 고고학적 출토품에 의존하여 재구성한다. 동굴의 벽화를 보면서 이야기를 만들고, 그 이야기를 역사로 믿는다. 바닷가에서 출토된 패총, 조개더미 속에 남겨진 수많은 조개의 흔적들로부터 그 지역 고대인들의 역사를 추정하고 추적한다. 많은 사람들은 이러한 추정을 역사적 사실로 간주하지만, 새로운 발굴은 곧 그 역사를 수정하게 만든다. 따라서 역사는 이야기이다. 사실과 허구가 뒤섞여 있는 이야기 말이다. 이런 식으로 이야기를 전개하다 보면 역사란 것도 신화가 될 수 있고, 신화고 때로는 역사로 탈바꿈될 수 있다.

따라서 한자를 신화나 역사로 읽는다는 것은 한자의 고대의 유물이나 동굴벽화와 같은 선상에 놓고 보아야 한다는 것을 의미한다. 그러나 한자가 벽화나 유물과 다른 것은 수천 년에 이르는 기나긴 세월의 풍파를 겪으면서 고대의 흔적을 변형시키고 응축하고 단순화함으로써 원래 갖고 있던 상형성을 상당히 상실했다지만, 언제나 소통과 기록의 양식에 적합하도록 변형되어 왔으며, 지금도 여전히 세계의 가장 많은 인구가 이를 소통 도구로 사용하고 있는 실물이라는 사실이라는 점이다.

이 책은 1997년에 『문화로 읽는 한자』라는 제목으로 처음 출판되었다. 무려 30년 전의 일이다. 그러다가 2004년 부족한 부분을 보충하여 『연상한자』라는 이름으로 출판사가 바뀌어 새로운 얼굴로 출판되었다. 그러나 그것도 절판되었고, 그런 채로 꽤 오랜 세월이 지났다. 독자들의 재출판 요구가 많았다. 그래서 오래된 책이긴 하지만, 또 독자들의 많은 사랑을 받은 책이라 다시 출판하게 되었다.

이 책이 갖고 있는 이러한 특징 때문에 그동안 분에 넘치는 많은 격려와 사랑을 받기도 했다. 1998년에는 우리 교육부에 의해 '올해의 좋은 책 100권'으로 선정되는 영예를 얻기도 했다. 또 1999년에는 중국에서 갑골문 발견 100주년을 기념하여 100년간 전 세계에서 출간된 갑골문 관련 주요 논저들을 선집한 『갑골문헌집성』에 이 책 전체가 그대로 전재되는 과분한 대우를 받기도 했다. 하지만 무엇보다 영광스런 것은 이 책이 오랜 세월동안 독자들의 꾸준한 사랑을 받아왔다는 점일 것이다.

그러나 이 책은 사실 그런 영광과 사랑만큼 그렇게 대단한 내용을 담고 있지는 못하다. 그럼에도 이렇게 과분한 대우를 받을 수 있었던 것은 정확한 어원에 근거하고 그 속에 담긴 문화적 틀을 해석하며, 흩어진 여러 한자들을 특징별로 묶어 쉽게 '연상'하도록 한 이 책의 의도가 높이 평가된 덕택이 아닐까 생각한다.

솔직히 고백하자면, 이러한 접근은 필자의 독창적인 생각은 아니었다. 지금은 대만으로 옮겼지만 당시 캐나다에 계시던 허진웅 교수의 『중국 고대사회』에 계시 받고 도움 받은 바 크다. 그래서 이 책의 가장 큰 스승은 바로 그 책이었는지도 모른다. 그 후 동아일보에 2년간에 걸쳐 '한자뿌리읽기'라는 제목으로 매주 3회씩 관련 글자와 어휘를 연재하여 이 책의 내용을 확장하고 증명하기도 했다. 또 2017년 12월부터 2019년 11월까지 2년간 『월간중앙』에 "한자 키워드로 읽는 동아시아"라는 이름으로 새로운 연재를 통해 동아시아 한자문명을 이해하는 24개의 한자를 중심으로 이들의 철학적 해석과 보다 깊은 이론화를 시도한 바 있다.

한자의 연구가 많지 않은 이 땅에서, 그것도 30년 전에 쓴 글이라 부족함이 많을 것이다. 그럼에도 초기 단계에서 생각했던 그 구상들이 대부분 아직 유효하여 극히 일부 표현만 바꾸고 나머지는 원래 모습 그대로 두었다. 그것도 역사이고, 필자의 사유 방향의 발전을 추적하는데도 도움이 될 것이라 생각했기 때문이다.

한자는 신화처럼 열려있는 개방적인 기호이기에 그 해석은 언제나 개방되어 있다. 그래서 다양한 또 다른 해석이 언제나 가능하다. 부디 흥미진진한 한자의 세계 속에서 새로운 탐험을 하며 한자와 친숙해지는 계기가 되기를 빈다, 아울러 독자들의 준엄한 질정과 새로운 해석을 기대해 본다.

2004년 9월 쓰고, 2019년 11월 고쳐 쓰다.

도고재 하영삼

한번 익히면 절대 잊을 수 없는,
무한으로 확장하는
한자 습득의 기술

01 기초자를 익혀라

기초자는 합성자를 구성하는 더 이상 분리되지 않는 의미를 가진 최소 단위이다. 현행 옥편에서는 이를 214개로 보았고, 최초의 한자 자원 사전인 『설문해자(說文解字)』에서는 540개로 보았다. 이 기초자들이 결합해 합성자를 만들고, 이렇게 만들어진 한자는 형태 변화 없이 단어를 만들어 나간다. 그러므로 최소 200자 정도만 철저히 익힌다면 중국어에 사용되는 단어들이 거의 모두 해결된다는 말이다. 중국어는 대표적인 고립어여서 단어만 알면 문장 해독이 쉽게 이루어진다.

02 기초자의 자원을 이해하라

한자는 기초자일수록 그림에 가깝지만, 그림은 아니다. 따라서 최초의 그림이 어떻게 그려졌는지를 이해하라. 예를 들어, 目(눈 목)은 갑골문에서 ▱ 으로 사람의 '눈'을 그렸으며, 木(나무 목)은 ¥으로 가지와 뿌리를 가진 '나무'를 그렸고, 水(물 수)는 ⅓로 흐르는 '물길'을 그렸고, 宀(집 면)은 ∩으로 황토 지대에서 살던 고대 중국인들이 만든 동굴 '집'을 그렸다. 예가 너무 쉬운가? 하지만 출발은 여기서 부터이다. 그 이상도 이하도 아니다.

03 합성자는 기초자를 단위로 분리해 그 의미적 관련성을 이해하라

姓(성 성)은 女(여자 여)와 生(낳을 생)으로 분리되어, 여자(女)가 낳았다(生)는 뜻을 담았다. 아버지 쪽의 성을 따르는 오늘날에는 이해하기 쉽지 않겠지만, 인류는 모계사회에서 출발했다는 것을 상기해 보라. 그러면 성(姓)이 왜 '여자가 낳았다'는 뜻이 되는지 이해할 수 있을 것이다. 또 進(나아갈 진)은 隹(새 추)와 辶(辵·쉬엄쉬엄 갈 착)으로 분리되고, '새(隹)가 가다(辶)'는 뜻에서 나아가다는 뜻을 담았다. 새가 가는 모습을 유심히 관찰해 본 적이 있는가? 새는 앞으로만 걸어가지 뒷걸음질을 칠 수는 없다. 그래서 진(進)은 '앞으로 나가다'는 뜻을 가지고, 진보(進步)는 새의 걸음처럼 앞으로 한 걸음(步) 한 걸음 나아가는 것을 말한다.

04 기초자를 중심으로 관련된 글자를 그룹으로 묶어서 이해하라

예를 들어, 谷(골 곡)은 계곡을 뜻하는데, 口(입 구)와 水(물 수)의 생략된 부분으로 구성되어, 골짜기 입구(口)로 물이 반쯤 나오는 모습을 그렸다. 산과 산 사이로 형성된 계곡은 물이 흐르는 곳이기도 하지만 사람이 쉽게 텅 빈 큰 공간이기도 하다. 그래서 浴(목욕할 욕)은 계곡(谷) 물(水)에서 하는 '목욕'을, 俗(풍속 속)은 계곡(谷)에 사람(人·인)들이 모여 목욕하며 놀던 봄 축제의 '풍속'을, 裕(넉넉할 유)는 옷(衣·의)이 계곡(谷)처럼 크고 '여유로움'을, 容(담을 용)은 계곡(谷)이나 큰 집(宀)처럼 모든 것을 '담다'는 의미를 담았다.

05 한자 속에 깃든 문화를 이해하라

한자는 발생에서 수천 년간 사용되어 오면서 그간의 생활과 문화를 고스란히 담아 놓았다. 예컨대, 規(법 규)는 성인(夫·부)의 견해(見·견)가 바로 법임을 보여 준다. 그것은 정착 농경을 일찍부터 시작했던 중국에서 경험주의가 무엇보다 중시되었고, 그래서 경험 많은 나이 든 사람의 견해가 바로 '법'이 될 수 있었음을 반영한다. 따라서 자신의 머리칼을 갈무리하지 못할 정도로 나이가 들어 머리를 길게 풀어헤친 사람을 그린 長(길 장)이 길다는 뜻이 외에도 '우두머리'의 뜻을 가질 수 있었던 것이다.

이런 식으로 기초자를 한데 묶어서 연상하고 익히면 한자 공부에 재미를 느 낄 수 있을 뿐만 아니라 한자의 이해는 더욱 세밀하고 체계적으로 발전할 것이다.

한자가 중요한 것이고 반드시 배워야 하는 것이라면, 가장 중요한 문제는 "한자를 어떻게 배울 것인가"이다. 예전처럼 '천자문'을 달달 외우고 옥편을 통째로 암기하는 것만이 한자 공부의 왕도는 아니다. 물론 공부에는 왕도가 없다. 한자가 아니더라도 영어, 중국어, 일본어, 다른 어떤 외국어도, 학문도 마찬가지이다.

완전히 익어서 체화되지 않은 지식은 머리와 몸이 따로 노는 것이요, 대부 분 돌아서면 잊어버리고 만다. 이것은 머리가 나빠서가 아니다. 오늘 공부한 것을 하룻밤 자고나서 모두 기억해 낼 수 있는 사람은 아무도 없다. 아무리 기억력이 좋은 사람도 50% 이상을 기억해 낼 수는 없다.

그래서 공부에는 '어떻게'가 중요하다. 적어도 이런 정도라면 한번 해볼 만 하자 않을까? 더 늦기 전에 시작해 보자.

차례

제10장 시간과 방향

01 다시보는 신화

1.01.

사람이 하늘이다

—하늘[天]과 사람[人]

하늘 천[1]

누군가 지필묵을 건네면서 "하늘을 한번 그려보시오"라고 한다면 당신은 어떻게 할 것인가?
땅위에다 둥그런 하늘을 그리고 별과 달을 그려 넣을 것인가? 아니면 파란 색칠에 하얀 구름을 더 할 것인가?

중국의 서남쪽에 위치한 운남성에 가면 이 지구상에서 가장 아름답다는 평에 전혀 손색이 없는 여강(麗江)이라는 곳이 있다. 5천7백여 미터의 만년설 옥룡설산을 배경으로 비추는 교교한 달빛은 마치 이곳이 신선의 세계인 냥 착각하게 만든다. 6~7백 년은 족히 됨직한 고가에서 그들만의 종교를 믿고 그들만의 언어와 문자를 사용하고 그들만의 음악을 즐기며 해발 2400여 미터의 고원에서 살아가고 있다. 이곳은 이미 1997년에 유네스코에 의해 세계의 문화유산으로 지정되어 그 가치를 발했다. 이곳을 사는 주인공들이 바로 납서족(納西族, Naxi)이라는 소수민족인데, 그들은 지구상에서 가장 완벽한 상형문자를 사용하고 있다. 그들의 고유 종교인 동파교(東巴敎, Dongba) 경전을 기록하는 데 사용했다고 해서 '동파문자'라고도 불리는 이 상형문자는 무려 1천2백여 자에 이른다. 이 문자도 2003년 세계 기록유산에 등재되었다.

동파문자에서는 하늘을 'ᗡ'처럼 그려 둥그런 하늘을 객관적으로 그려놓았다. 우리말에서는 그 어원이 비록 정확하지는 않지만 '태양과 관련된 듯하다. 영어에서의 'sky'는 '구름'이라는 뜻에서 왔다는 것이 일반적인 견해이다.

'하늘 천, 따지, 가물 현, 누를 황……', 우리에게 너무나 익은 『천자문』의 시작부분이다. 『천자문』의 첫 번 글자가 天(하늘 천)이다. '하늘'을 뜻하는 한자가 천(天)인데, 천(天)이 어떻게 하늘을 그렸단 말인가? 천(天)자를 보고 '하늘'을 자연스레 연상할 수 있다면 그는 천재이거나 아니면 이상한 사람일 것이다.

'하늘'을 왜 이렇게 그렸을까? 이제 그 흔적을 천천히 찾아 올라가 보자. 지금까지 확인 가능한 가장 이른 체계적인 한자는 갑골문이다. 오늘날 '하늘'을 뜻하는 天[하늘 천]은 갑골문에서 사람의 정면 모습에 머리를 커다랗게 키워서 그려 놓은 형상이다. 이것이 '하늘'이라니, 의외가 아닐 수 없다. 천(天)은 상나라 당시만 하더라도 사람의 머리 정수리 부분을 뜻하는 글자였고, 갑골문(甲骨文)만 하더라도 정수리가 아프다는 표현을 '천질(天疾)'이라고 표기하고 있었다. 이후 이 글자는 인간의 정수리와 맞닿는 부분, 즉 하늘이라는 개념을 표시하게 된다.

고대 중국인들은 '하늘'을 인간을 넘어선, 인간이 도달하기 힘든 초월성이나 무한성으로 제시한 것이 아니라 인간과 바로 맞닿아 있는, 인간의 존재 없이 설명 불가능한 것으로 형상한 것이다.

그래서 그들은 '하늘'을 객관적 존재가 아닌 '인간'을 통해서 그렸으며 인간과의 관계 속에서 인식했다. 이는 서구의 인식 체계와는 매우 다른 특징적인 모습이다. 그래서 이는 중국 특유의 철저하게 '인간중심적'인 사고가 반영된 글자이다.

따라서 하늘[天]의 근본은 사람[人]이다. 人[2][사람 인]은 서 있는 사람을 측면에서 그린 것이요, 이를 정면에서 그리면 大[3][큰 대]가 된다. 측면에서 보는 것보다 정면에서 보는 것이 크

사람 인[2]

큰 대[3]

게 보이기 때문에 대(大)가 '크다'는 의미를 가지게 되었다. 이 대(大)의 머리 부분에 가로획을 더하면 夫[4][지아비 부]가 된다. 이는 사람이 머리에 비녀를 꽂고 있는 모습이다. 고대 중국에서는 남자도 어른이 되면 머리에다 비녀를 꽂았다. 그래서 부(夫)는 '성인 남자', 그리고 이후 '지아비'라는 의미를 가지게 되었다. 남성이 중심이던 사회, 거기서는 성인 남자(夫)가 보는 것(見)이 바로 '법'이자 '규칙(規)'이기도 했다. 아직도 많은 사람들은 부(夫)자를 두고서 '하늘[天]보다 높은 것이 지아비'라고 설명하기도 한다. 이 어찌 남성 중심의 이데올로기가 만들어 낸 잘못된 글자 해석의 실례가 아니겠는가?

또한 대(大)에 양 겨드랑이 부분을 점으로 표시해 놓으면 亦[5][또 역]이 된다. 그래서 역(亦)의 본래 뜻은 '겨드랑이'였으나 이후 '또한'이라는 의미로 가차(假借)되었다. 그리고 대(大)를 양옆에서 두 사람이 끼고 있으면 곧 夾[6][낄 협]이 된다. 양쪽 겨드랑이에 사람이 아닌 올이 성긴 베가 더해진 것이 爽[7][시원할 상]이다. 올이 성긴 베옷을 입었으니 상쾌하고 더없이 시원할 일, 그렇게 만들어 진 글자이다.

夭[8][일찍 죽을 요]는 머리 부분이 비뚤어져 있는 모습으로, 굽어져 제대로 몸을 펴지 못하는 모습이다. 그래서 이후 뜻도 제대로 펴지 못하고 일찍 죽는 것을 '요절(夭折)'이라고 하게 되었던 것이다.

암각화에 새겨진 사람의 정면 모습.『음산암화(陰山岩畵)』156쪽.

夨	夶	夾	爽	夭
夫	夾	夾	爽	夭
夫	夾	爽	爽	夭
夫	亦	夾	爽	夭
지아비 부[4]	또 역[5]	낄 협[6]	시원할 상[7]	일찍 죽을 요[8]

1.02.

등 돌린 사람과 거꾸로 선 사람

—등짐北과 변화化

따를 종¹

사람의 측면의 모습을 그린 인(人)을 두 개 나란히 하여 사람과 사람이 뒤쫓고 있으면 씨¹[따를 종]이 된다. 이후 사거리를 뜻하는 척(彳)과 발을 뜻하는 지(止)가 합쳐진 착(辵)이 더해져 종(從)이 되었으나, 신 중국 성립 후 1956년 발표된 중국의 간화자에서는 다시 옛 형태로 되돌아갔다. 인(人)이 셋 모이면 중(众)이 된다. 중(衆)의 옛글자인데, 셋은 많다는 뜻이다.

사람과 사람이 나란히 선 것이 아니라 등을 지고 서 있으면 北²[북녘 북/도망갈 배]이다. 사람 둘이 서로 등진 모습을 그렸으므로 '등지다'가 원래 뜻이었다. 중국은 오스트레일리아나 남미 여러 나라와는 달리 북반구에 위치해 있었기 때문에 줄곧 남쪽이 중요한 방향이었다. 집을 지어도 남쪽을 향하게 만들었고, 남쪽은 따뜻했기에 좋은, 긍정적인 방향, 양(陽)으로 인식되었다. 그래서 왕이 집전을 할 때면 남쪽을 향했으며 이를 두고서 '남면(南面)'이라 했다.

이에 비해 북쪽은 등진 쪽이자 나쁜, 부정적인, 음(陰)으로 인식되었다. 그래서 '등진다'는 것은 서로의 관계가 단절된다는 것을 의미했고, 싸움에서 져서 달아나는 것도 등을 돌리고 달아난다고 표현했다. 그래서 '등진 쪽'과 뒤쪽, 즉 북쪽과 자연스레 연계되었으며, 북(北)에 등지다, 북쪽 등의 의미가 생기게 되었다. 그렇게 되자 원래의 등지다는 의미는 육(肉)을 더한 背[등 배]를 만들어 분화하게 되었고, 북(北)은 주로 방향을 나타내는 기능을 담당하였다. 하지만 '패배(敗北)'라는 단어에는 아직도 원래의 뜻이 남아있다. 이때는 '북'

이 아니라 '배'로 읽힘에도 주의해야 한다.

바로 선 사람의 측면 모습과 거꾸로 선 모습이 합쳐지면 化[3] [변화할 화]가 된다. 바로 선 모습과 거꾸로 선 모습이 상징하는 의미에 대해서는 의견이 분분하다. 혹자는 공중제비를 넘는 모습이라 하기도 한다. 하지만 어떤 소수민족 문자에서 산 사람을 바로 그리고 죽은 사람을 거꾸로 그린 예가 있듯, 이는 산 사람과 죽은 사람의 전화, 즉 삶과 죽음의 전화를 나타내고 있으며 이로부터 변화(變化)라는 의미가 나왔다고 하는 견해가 설득력을 가진다. 화(化)로 이루어진 다른 글자들 중, 花[꽃 화]는 꽃이라는 것이 생명과 생명을 영위 가능하게 해주는 존재임으로 해서 만들어진 글자로 해석할 수 있다.

사람의 정면 모습에다 땅을 그려 땅위에 선 모습을 그리면 立[설 립]이 되고, 어깨를 나란히 하고 두 사람이 함께 서면 竝[4][나란할 병]이 된다. 交[5][사귈 교]는 다리를 꼬고 서 있는 사람의 정면 모습이다. '교차(交叉)하다'가 원래 뜻이며, 이후 교환(交換)이나 교류(交流)와 같은 뜻도 생겼다.

천(天)의 글자 형성에서 볼 수 있듯, 한자의 가장 큰 특징은 다름 아닌 다른 모든 신들이나 자연의 존재, 갖가지 행위나 경험, 심지어는 미의 인식, 시간의 파악 등까지도 '인간과의 관계' 속에서 구체화하고 있다는 사실이다. 필자는 이러한 경향을 '인간중심주의'라 이름 하고자 한다. '인간중심주의 (anthropocentrism)'란 인간의 본성에 대해 주체적으로 인식하고자 했던 서구의 '휴머니즘(humanism)'과는 다른, 인간 주위의 여러 갖가지 개념들을 관찰자인 '나'의 관점에서 '나'를 통해보고 표현하려 했던 사유적 특징을 말한다.

고대 중국인들의 사유 방식은 경험적이고 종합적인 특징을

북녘 북[2]

될 화[3]

갖고 있으며, 이러한 사유는 감성적 경험을 전체적으로 파악하고자 하는 경향을 갖게 한다. 이렇게 하여 그들의 전통적 사유는 총체적 사유로 표현하게 되었으며, 그들은 자연계와 인간을 연결된 하나의 총체로 파악했다. 예컨대 인체의 부위, 행위, 특징을 나타내는 글자에 근거해 다른 자연계의 전체적 해당 개념을 표현하는 특수한 표현 방식을 갖는 것이다.

이러한 종합적이고 총체적인 사유는 분명 정착 농경 사회의 순환론적 사유에 그 토대를 두고 있다. 이러한 것은 바로 고대 중국인들이 사물을 객관적인, 주어져 있는 것으로 관찰한 것에 기인하며, 이러한 관찰은 실제로 본 것, 혹은 실제로 볼 수 있었던 것에 근거해 개념을 구체화시켰다는 것을 의미한다. 실제로 본 것에 근거했다는 것은 다분히 경험적일 수밖에 없으며, 이러한 경험을 수행할 수 있는 주체는 언제나 '사람'일 수밖에 없기 때문이다.

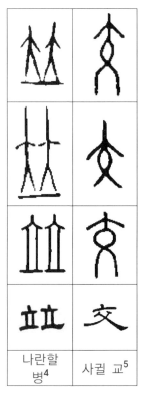

나란할 병[4]	사귈 교[5]

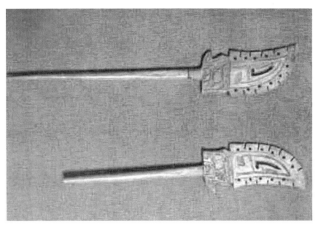

상아로 만든 상나라 때의 비녀. 은허 부호묘 출토.

1.03.

쟁반같이 둥근 하늘

—반고盤古와 개벽신화

천지개벽(天地開闢)은 오늘날 하늘이 열리고 땅이 갈라지는 듯한 엄청난 변화를 이르는 말이지만 원래는 천지창조를 뜻하는 말이었다.

> 하늘과 땅은 온통 뒤섞여 계란 모양을 이루고, 반고(盤古)라는 사람이 그 속에 살고 있었다. 1만8천 년이 지나자 천지가 개벽하여, 밝고 맑은 부분은 하늘이 되고 어둡고 탁한 부분은 땅이 되었다. 반고는 하루에 9번씩이나 변신하면서, 하늘에서는 신 노릇, 땅에서는 성인 노릇을 했다. 하늘은 매일 한 키씩 높아졌고, 땅은 한 키씩 두터워졌으며, 반고는 한 키씩 자라났다. 이렇게 1만8천 년이 지나자 삼황(三皇)이 생겼다.

쟁반 반[1]

이것은 중국의 천지개벽 신화의 일부이다. 그런데 왜 이 신화의 주인공의 이름이 '반고(盤古)'가 되었을까? 盤[1][쟁반 반]은 그 구조가 의미부인 皿[그릇 명]과 소리부인 般[일반 반]으로 이루어져 '둥근 모양을 한 쟁반'을 의미한다. 물론 반(般)은 소리부로서의 역할과 함께 의미의 결정에도 관여하고 있다. 또 古[2][옛 고]는 이야기한다는 뜻의 口[입 구]와 이전의 일을 나타내는 추상 부호인 십(十)으로 구성된 글자이다.

옛날 중국에서는 하늘과 땅의 구조를 달걀의 구조처럼 본 혼천설(渾天說)이라는 것이 있다. 즉 하늘은 계란으로 치면 노른자에 해당하는 땅을 밖에서 둘러싸고 돈다는 것으로, 하늘과 땅은 둥근 것으로 인식되었다. 그래서 둥근 모습을 한 기물 이름인 반(盤)이 하늘과 땅의 역사를 여는 신화의 주인공 이름으로 쓰였을 것이다.

나아가 반(般)의 구조를 보면 舟[배 주]와 殳[창/칠 수]로 구성되어 손으로 배를 돌리고 있는 모습이며, '돌리다'나 '옮기다'가 원래 뜻이다. 신화에 의하면 천지창조는 혼돈(混沌)의 상태에서 밝고[陽] 어두움[陰]이 먼저 두 가지 기운으로 나뉘고 이것이 서로 충돌과 변화의 운동을 거쳐 형성된 것이라 했는데, 이 과정이 반영된 글자가 바로 반(盤)이다. 그리고 고(古)를 사용한 것은 이가 비역사적 인물이라는 인식, 즉 역사를 넘어선 '옛사람'이라는 의미에서 붙여진 것으로 보인다.

氏　古　盤

옛 고²

반고상(盤古像), 『삼재도회』 524쪽.

천지 창조의 주인공인 반고와 인류 탄생의 두 주인공 복희(伏羲)와
여와(女媧). 하남성 남양(南陽)에서 출토된 한나라 때의
화상석(畵像石).

태양을 옮기는 까마귀

—해日와 삼족오三足烏

해는 줄곧 달이나 별과 함께 고대인들의 숭배 대상이 되어 왔다. 해와 달과 별의 운행은 인간에게 시간과 공간을 알려주는 역할을 해 왔으며, 이를 알아야만 농경과 목축과 해상 활동 등 모든 일상생활을 제대로 할 수 있었기 때문이다.

우주의 심장이자 존재의 중심이며 영지(靈智)의 중심이라 말해지는 태양, 한자에서 日[날 일][1]은 태양을 형상한 둥근 원안에 점 하나를 찍어 표현했다. 원안에 찍힌 점이 무엇을 형상한 것인지에 대해서는 여러 가지 설이 있다. 그 중의 하나가 그것이 태양의 흑점을 그린 것이라는 것이고 다른 하나는 태양에 산다고 전해지는 삼족오[三足烏]를 상징한 것이라 하기도 한다.

날 일[1]

허나 고대 중국인들이 원래부터 태양을 하나라고 생각했던 것은 아니었다. 중국 신화에 의하면 하늘에는 처음에 태양이 열 개가 있었다 한다. 태양이 열 개나 되다 보니 너무 더워 살 수가 없었고, 그래서 활의 명수였던 후예(后羿)라는 사람이 하나만을 남기고 나머지 아홉 개를 쏘아 떨어뜨렸다 한다. 그리고 남은 하나의 태양에는 다리가 셋 달린 붉은 까마귀인 삼족오가 산다고 전해진다.

삼족오는 옥토끼와 구미호와 함께 서왕모(西王母)의 세 가지 보배이다. 삼족오는 서왕모에게 진귀한 음식을 구해 바치는 일을 맡고 있었는데, 너무나 일을 잘해 태양 나라로 파견되게 되었다 한다. 태양에 거주하게 된 삼족오는 새로운 일을 맡게 되었는데, 그것은 바로 태양을 매일 동쪽에서 서쪽으로 옮기는 일이었다. 매일 이 일을 하면서 삼족오는 영원히 태양에 살게 되었다 한다. 호남성 수도 장사(長沙)의 마왕퇴(馬王堆)라는 한나라 무덤에서 발견된 비단 그림에도, 집안(集安)의 고구려 무덤 벽화에도 이러한 신화가 그림으로 생생하게 표현되어 있다.

한편, 아홉은 중국에서 완성의 숫자이지 굉장히 많은 다수의 상징이다. 그래서 그들은 하늘은 아홉 구역, 땅은 아홉 지역으로 나누어져 있으며, 뭍은 아홉 개의 커다란 산, 바다는 아홉 개의 섬으로 이루어져 있다고 믿었다. 열 개 중 아홉의 '태양을 줄여 하나'로 된 것은 어쩌면 수많은 부족국가들이 하나로 통합되어 국가 형태를 구성하게 되는 역사를 반영한 상징일 수도 있다. 아홉 개[九]의 태양[日]이 모여 있는 旭²[빛날 욱]은 이러한 고대 신화와 관련된 것일까? 어쨌든 이는 엄청나게 밝다는 뜻이다.

태양을 중심으로 한 행성도. 태양에 삼족오가 그려져 있다. 하남성
당하(唐河)에서 발견된 화상석.

호남성 장사 마왕퇴 한나라 무덤에서 발견된 T자형 비단 채색 그림. 길이 205, 윗너비 92, 아래너비 47.7센티미터. 관을 덮을 때 쓴 명정(銘旌)으로, 중간의 지상, 윗부분은 천상, 아래부분은 지하세계를 그렸다. 천상에는 10개의 태양과 달이 그려졌고, 큰 태양에는 삼족오가, 달에는 두꺼비(섬여)가 그려졌다.

남편을 속이고 도망간 두꺼비, 섬여

—달月과 옥토끼玉兎

月¹[달 월]은 초승달과 보름달의 중간 형태인 '반달'의 형상 위에 점이 하나 찍힌 모습이다. 점은 달 표면에 나타난 음영을 표현한 것으로 달은 이 음영으로 인해 많은 전설과 함께 풍부한 많은 상상력의 원천이 되었다. 우리나라에서도 이 달의 음영은 계수나무 밑에서 옥토끼가 방아를 찧는 모습, 보다 구체적으로 불멸의 선약(仙藥)을 찧고 있다는 전설로 전해 오고 있지 않는가?

하지만 중국에서는 옥토끼가 등장하기 전, 달에는 두꺼비 형상을 한 섬여(蟾蜍)가 벌을 받고 있는 모습으로 표현되었다. 섬여는 하늘의 명령으로 인간 세상의 재앙을 없애러 내려온 후예(后羿)의 아내인 항아(嫦娥)의 변신이다. 즉, 후예는 당시 아홉 개의 태양을 활로 쏘아 떨어뜨렸고 그 때문에 인간들의 추앙을 받아 인간 세상에 남게 되었다.

달 월¹

하지만 그의 아내 항아는 하늘로 돌아가지 못하자 천상의 생활을 그리워하면서 날로 쇠약해 갔다. 아내를 너무나도 사랑했던 후예는 곤륜산의 서쪽에 살고 있다는, 질병을 관장하는 신인 서왕모(西王母)를 찾아가서 장생불로의 선약을 구해 온다. 서왕모가 그 약은 반드시 두 사람이 함께 먹어야지 그렇지 않을 경우 약을 먹은 사람이 하늘로 올라가 버리는 비극이 생길 것이라고 했다.

항아는 이 사실을 안 뒤 후에 몰래 혼자 선약을 먹고서는 하늘로 올라가 월궁(月宮), 즉 달로 달아나 버렸다. 하지만 남편을 속이고 혼자 달로 도망 온 배신행위의 대가로 항아는 보기 흉한 두꺼비로 변해서 아무리 잘라도 잘라지지 않는 계수나무에 도끼질을 해야 했고 끝도 없이 선약을 빻아야만 하는 벌이 내려졌다. 하지만 이후, 아름다움과 여성적 형상으로 등장하는 달과 섬여의 이미지가 걸맞지 않다고 해서 섬여는 옥토끼로 대체되어 오늘날과 같은 전설로 변하게 되었다. 兎²[토끼 토]는 토끼의 모습을 형상한 것으로, 긴 귀를 특징적으로 형상화했다. 토(兎)는 달 속에 옥토끼가 있다는 전설 때문에 달의 별칭(別稱)으로 쓰이기도 한다.

음과 양의 상징인 달[月]과 태양[日]이 합쳐진 것이 明³[밝을 명]이라고들 하지만 실은 창에 달이 비친 모습이 명(明)이다. 고대 한자를 보면 태양[日]이 아닌 창문의 모습을 그린 것이 분명하다. 그러다 한나라 때의 예서에 이르러 일(日)로 바뀌었다. 조명 시설이 없던 옛날, 창으로 휘영청 스며드는 달빛은 다른 그 무엇보다 밝게 느껴졌을 것이다.

토끼 토²	밝을 명³

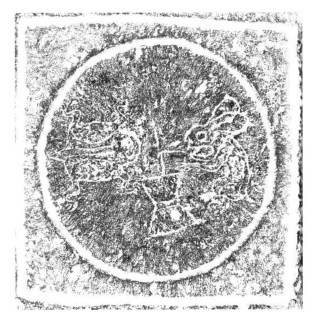

달에 산다고 전해지는 섬여와 옥토끼. 한나라 때 이르면 섬여
외에 토끼가 등장하고, 이후로는 토끼가 주를 이룬다.
『중국화상석전집』 제4권 143쪽.

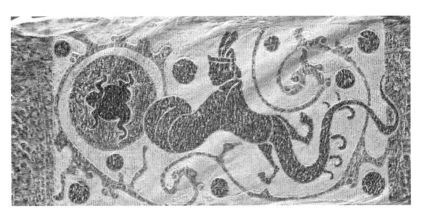

'항아분월'. 달로 올라간 항아. 하남성 남양 화상석.

세상을 지배하는 번개신
―번개電와 신神

한여름 밤 갑자기 몰아친 천둥 번개는 아직도 무서운 자연현상이다. 그래서 과학이 첨단으로 발달한 지금도 으스스하거나 불길한 분위기를 연출할 때에는 십중팔구 번개와 천둥이 등장한다. 우리말에 '벼락 맞아 죽는다'라는 말이 있는 것과 마찬가지로 고대 중국인들도 이를 하늘이 내리는 어떤 계시, 혹은 경고라고 생각했던 것 같다.

펼/간지
이름 신[1]

번개가 번쩍번쩍 치는 모습을 형상한 글자가 申[1][펼/간지이름 신]이다. 처음 뜻은 '번개'였으나 이후 간지 이름으로 주로 쓰이게 되자, 원래 뜻을 나타낼 때에는 雨[2][비 우]를 더하여 電[3][번개 전]으로 분화되었으며, 1956년의 간화자에서는 다시 전(电)으로 되돌아갔다. 우(雨)는 물론 하늘에서 비가 내리는 모습을 형상한 글자다.

계절에 맞지 않게 일어나는 예사롭지 않은 번개는 사악한 사람을 징계하며, 신의 조화가 생길 어떤 변화를 나타내 주는 계시로 생각했던 것 같다. 그래서 번개는 매우 신성시되었을 것이다. 그래서 만물에 신령이 깃들어 있다고 제사를 지내던 것과 마찬가지로 천둥 번개를 대상으로 제사를 드렸을 것이다. 번개를 나타내는 신(申)에다 제사나 신령을 뜻하는 示[보일/땅 귀신 시]를 더한 것이 바로 神[귀신/신 신]이다. 이후 의미가 확대되어 자연계에 존재하는 각종 신을 지칭하는 대표 글자로 남게 되었다.

번개는 음전기와 양전기가 합쳐져 인간이 상상할 수 있는 가장 강력한 에너지를 만들어 낸다. 중국 철학에서 도(道)는 음과 양을 만들어 내고 음과 양은 서로 합해 새로운 충기(沖氣)를 만들어 내며, 이들에 의해 만물이 생성된다고 한다. 그래서 번개는 만물 생성의 상징이다. 땅을 의미하는 坤[땅 곤]은 地[땅 지]와 같다. 지(地)에서 也[어조사 야]는 여성의 음부를 그렸다고 한다. 여성의 음부는 생산의 상징이다. 그래서 지(地)를 구성하는 성분으로 들게 되었고, 곤(坤)에서의 신(申) 또한 이와 같은 의미를 지닌다.

만물을 생성하게 하는 엄청난 에너지, 번개는 바로 농경사회를 살았던 고대 중국에서는 온갖 만물을 생장 가능하게 해주는 대지(大地)이자 땅이었을 것이다. 그래서 번개 신, 곧 신(神)은 다른 어떤 신들보다 강력한, 대표적인 신으로 자리 잡게 되었을 것으로 보인다.

한편, 雷[천둥 뢰]는 번개와 함께 천둥이 치는 모습을 그린 글자다. 번개[申] 사이로 표시된 작은 표시들은 천둥소리를 표현한 것이다. 금문단계에서 천둥소리를 표현했던 전(田)이 이후 하나로 줄여져 지금에 이르렀다.

비 우[2]	번개 전[3]	천둥 뢰[4]

청동기의 주무늬인 도철(饕餮)무늬. 그 밑바탕 무늬로 주로 쓰인 구름무늬[雲紋]와
번개무늬[雷紋]. 구름무늬는 나선형으로 된 둥근 기하학적 무늬를, 번개무늬는
네모꼴의 기하학적 무늬를 연속시켜 구성한 것으로, 자연의 영적인 힘을 현현하거나
무한한 생명력을 상징한 것으로 보인다.

1.07.
신의 목소리
—무당巫과 신령靈

무당 무1

신은 인간과 직접 대화하지는 않는다. 인간의 바람을 신에게 전달하고 신의 계시를 인간에게 전달해 주는 중간자가 언제나 있기 마련이다. 이것이 중국에서는 巫1[무당 무]와 祝2[빌 축]으로 표현되는데, 무(巫)는 여자 무당이요 축(祝)은 남자 무당(박수)을 말한다.

무(巫)를 흔히들 '하늘과 땅을 이어주는 사람'으로 해석하기도 하는데, 이는 진(秦)나라 때의 소전체(小篆體)에 근거하여 위의 가로획을 하늘, 아래의 가로획을 땅, 중간 세로획을 이어주다는 의미로 풀이한 것이다. 이 어찌 자의적이며 잘못된 해석이 아니겠는가? 갑골문과 금문에는 분명 이러한 해석을 가능케 하는 그 어떤 모습도 보이지 않고 있다. 초기 단계에서의 무(巫)는 여자 무당이 도술을 부릴 때 사용하던 어떤 기구를 형상한 모습이다. 그래서 무(巫)가 들어가면 일반적으로 무당이나 점술과 관련을 가진다.

빌 축2

예컨대, 筮[점칠 서]는 시초를 사용해 치는 점으로, 점을 칠 때 사용했던 대를 의미하는 竹[대 죽]과 짐지는 행위를 의미하는 巫로 구성된 글자다. 옛날 중국에서 가장 보편적으로 쓰이던 점치던 방법은 거북점과 시초 점이었다. 시초점이란 서양 가새풀(yarrow)과 비슷한 시초(achillea)를 사용하여 점을 치던 것이라 하기도 하고 가는 점(占) 대[竹]로 치는 점이라고도 한다. 서(筮)를 금문에서의 형체를 보면 두 손으로 점치는 도구[巫]를 들고 있는 모습으로 표기하고 있어 이 글자가 점치는 모습을 형상한 것임을 분명히 알 수 있다. 이후 竹[대 죽]이 더해짐으로써 이것이 점치는 어떤 도구임을 더욱 분명하게 나타내 주고 있다.

또 靈[3][신령 령]은 비[雨]와 세 개의 입[口]으로 구성된 글자로, 많은 사람이 주문을 외우며 비가 내리기를 기원하는 모습이 담겨진 글자다. 이러한 행위는 주로 무당에 의해 행해졌기에 이후 무(巫)가 더해져 오늘날과 같은 모습이 되었다. 그래서 이 글자의 원래 의미는 '신을 내리게 하는 무당'이었다. 이로부터 신령이니 영혼이니 하는 뜻이 생겨나게 되었다. 무당의 주술행위에 의해 영험(靈驗)이나 효험이 나타나게 되는 경우도 종종 있었다. 그래서 여기에 영험(靈驗)이나 신령(神靈)스럽다는 뜻이 담기게 되었다.

신령 령[3]

축(祝)은 제단[示]과 입을 벌리고 꿇어앉아 있는 사람[兄]을 형상한 모습이다. 그래서 이 글자의 본래 뜻은 제사를 지낼 때 고축(告祝)을 하는 사람을 말하며 이후 신에게 기도를 올리는 행위자를 일컫게 되었다. 남자 무당은 달리 覡[박수 격]이라고도 한다. 이는 무당을 의미하는 무(巫)와 귀신을 본다는 의미의 見[볼 견]이 합쳐진 글자이다.

서왕모, 산동성 가상(嘉祥)에서 출토된 한나라 때의 화상석. 『중국화상석전집』 제2권 32쪽.

꽃과 같이 번성하여라

—임금帝과 식물숭배

고대 중국에서 최고의 신을 표시하는 글자는 帝[1][임금 제]이다.
이것이 무엇을 형상한 것인지에 대해서는 아직 정론은 없지만,
크게 부푼 씨방을 가진 꽃의 모습을 형상한 것으로 보는 것이
일반적이다. 즉 이는 蒂[꼭지 체]의 본래 글자로, 역삼각형 모
양으로 부풀어 있는 윗부분이 씨방이고, 중간 부분은 꽃받침,
아랫부분은 꽃대를 형상했다. 꽃꼭지는 식물 번식의 상징이다.

임금 제[1]

수렵과 채집 생활을 끝내고 농작물에 의해 생계를 꾸려 가는
정착 농경 사회로 들어서자 곡물이 인간의 생계를 이어주는
더없이 중요한 존재가 되었고, 그 과정에서 그들은 자연스레
식물을 숭배하게 되었다. 또한 번식은 동식물의 생명을 이어주
는 가장 근본이 되는 것으로 애초부터 중요한 숭배 대상이었
으니, 식물 중에서도 번식을 상징하는 꽃꼭지를 최고의 신으로 숭배하게 된
것으로 보인다. 이는 고대 중국인들이 자신을 지칭하던 말인 華[2][빛날/꽃 화]
가 꽃나무를 형상한 것이라는 사실에서도 엿볼 수 있듯 그들의 식물숭배 사
상이 담겨진 글자이다. 화(華)가 단순한 꽃이 아닌 중국인들의 상징이 되자,
단순한 꽃을 나타낼 때에는 花[꽃 화]를 만들어 내었다.

곡물과 꽃, 씨는 농경사회를 살았던 고대 중국인들에게는 더없이 중요한 존
재였을 것이다. 英[꽃부리 영]은 지금까지도 우리들의 이름자에서 남녀를 불
문하고 가장 애용되는 글자 중의 하나이다. 그것도 그럴 것이 한나라 때의
『회남자』에 의하면 영웅을 나타내는 글자들 중 가장 낮은 단계가 걸(傑)이요
그 다음이 호(豪)요 그 다음이 준(俊)이요 가장 높은 단계가 영(英)이라고 했

다. 영(英)은 바로 식물[艸]의 중앙[央], 즉 핵(核)을 말한다. '꽃부리'를 뜻하는 영(英)이 영웅을 나타내는 글자들 중 수위를 차지할 수 있었던 것은 바로 농경사회를 살았던 고대 중국인들의 자연적 환경 이외에는 달리 설명이 쉽지 않다.

1979년 강소성 연운항(連雲港)시 교외의 금병산(錦屛山) 마이봉(馬耳峰) 남쪽 산록의 장군애(將軍崖)에 새겨져 있는 신석기 시대 때의 암각화에는 '풀에서 피어난 꽃이 꽃모양이 아닌 사람의 얼굴을 한' 특이한 모양을 하고 있다. '사람 얼굴'이 아래편의 '곡물'에 선으로 연결되어 있는 것의 상징에 대해서는 아직 별다른 해석이 보이지 않고 있다. 하지만 이것은 바로 식물에서 사람이 탄생하였다는, 그래서 꽃을 그들의 토템으로 삼았던 당시의 원형의식을 그대로 형상화한 것이 아닌가 생각된다.

빛 날/꽃
화²

화(華)·제(帝)·영(英) 등의 형성과정에서도 볼 수 있듯 중국인들이 자신을 일컫는 화(華), 천제와 황제를 지칭하는 제(帝), 최고의 영웅인 영(英) 등은 모두 꽃 혹은 꽃꼭지와 관련되어 있다. 꽃이나 꽃꼭지는 곡물의 생산을 가능하게 해주는 원동력이며, 이는 정착농경을 일찍부터 시작했던 중국인들에게는 바로 생명력 그 자체였다. 그리하여 꽃이나 꽃꼭지 숭배로 가게 되었고, 이러한 의식의 원형이 장군애에서의 암각화처럼 식물의 꽃과 사람의 얼굴이 합쳐지도록 만들었을 것이다.

농경 사회를 사는 중국인들의 숭배 대상이 되었던 제(帝)는 이후 지위가 점점 높아져 신 중의 신으로 확정되어, 자연계의 모든 신을 관장하고 인간의 길흉화복에도 영향을 미치는 것으로 인식된다. 그래서 상나라 갑골문에는 제(帝)에 대한 지극한 숭배와 상시적인 제사가 기록되어 있다. 하지만 이후 하늘의 모든 신을 관장하는 '제(帝)'를 인간 세상 '신'인 임금과 관련지으면서, 상나라 후기에 들면 돌아가신 임금을 '상제(上帝)'라 부르게 된다.

이렇게 되자 하늘과 인간 세상 모두 관장하던 '제(帝)'는 하늘만 제한적으로 관장하고 인간 세상은 살아 있는 '임금'이 관할하는 것으로 분리되었다. 이렇게 됨으로써 하늘의 신은 점점 인격화된 신으로 변해 갔고, 무게중심 또한 현실 생활에 직접 영향을 주는 지상의 '임금'에게로 옮겨갔다. 그래서 임금을 '제(帝)'라 부르게 되었고 다시 '황제(皇帝)'라는 말도 나오게 되었다. 스스로를 '황제'의 시작이라 불렀던 '시황제(始皇帝)'에 이르러 제(帝)는 최고의 인간 신으로 변했다.

강소성 연운항(連雲港) 장군애(將軍崖) 암각화

1.09.

풍요와 번영의 상징

—토지신社과 곡식신稷

농경 사회에서 크게 부푼 씨방을 가진 꽃의 모습을 형상한 帝 [임금 제]를 최고의 신으로 숭상했던 고대 중국인들은 이러한 식물을 생장 가능하게 해 주는 흙을 땅의 신으로 존숭했다. 이러한 땅에 대한 숭배가 담겨진 글자가 社[1][땅 귀신/단체 사]이다.

사(社)는 示[2][보일/땅 귀신 시]와 土[3][흙 토]로 구성되어 있다. 토(土)는 윗부분이 흙을 뭉쳐 놓은 모습이고 아랫부분의 가로획은 땅을 의미하여 땅위에다 단(壇)을 쌓아 놓은 모습을 형상했으며, 시(示)는 제단의 모습을 형상했다. 토(土)의 경우 어떤 경우에는 흙으로 쌓은 단 옆에 점이 첨가되어 있는 것도 있는데 이는 제사를 드릴 때 술을 뿌리는 모습을 표현한 것으로 보인다. 그리고 지금은 쓰이지 않지만 특히 전국(戰國)시대의

땅귀신/
단체 사[1]

어떤 글자에서는 여기에다 다시 나무[木]를 더하여 이 글자의 본래 의미가 식물을 생장하게 해 주는 땅에 대한 제사라는 의미를 더욱 명확하게 표현해 주고 있다.

인간 생활의 근원이 되는 땅에 대한 숭배는 그 역사가 사뭇 길 수 밖에 없다. 중국의 고대 전설에 의하면 공공(共工)의 아들인 구룡(句龍)이 흙을 관장하는 관리로 임명되어 물길과 땅을 잘 다스린 결과 세상 사람들에 의해 '땅의 신'으로 봉사(奉祀)되었다 기록하고 있다. 이후 이러한 '땅의 신'에 대한 숭배는 매우 보편적으로 행해졌으며, 방향을 지칭할 때에도 땅[土]이라는 단어를 사용해 '동토(東土, 동쪽)', '남토(南土, 남쪽)', '서토(西土, 서쪽)', '북토(北

土, 북쪽)' 등으로 사용했다.

춘추전국시대에 이르면 땅의 신인 사(社)는 사회 전체의 보호 신으로 지위가 격상되어, 일식이나 갖가지 재앙, 전쟁을 비롯해서 심지어는 회맹(會盟) 등과 같은 일에도 땅의 신[社神]에게 제사를 드리게 된다. 이렇게 됨으로써 처음에 가졌던 토지 신에 대한 숭배라는 샤머니즘적 속성은 점점 상실되고 말았다. 이후 이러한 제사를 드리는 사당이 마련된 곳이라는 의미를 가지게 됨에 따라 어떤 모임이나 단체를 지칭하게 되었는데, 옛날에는 25가(家)를 1사(社)라고 했다.

한편, 稷[기장 직]은 禾[벼 화]가 의미부이고 畟[보습 날카로울 측]이 소리부로, 화(禾)가 들어간 것으로 보아 곡식과 관련된 글자임을 알 수 있다. 직(稷)은 옛날부터 중국에서 전통적으로 재배되어 오던 대표적 농작물인 기장이나 수수를 말하는 것으로 알려져 있다. 직(稷)이 대표적 농작물임으로 해서 자연스레 사람들의 숭배 대상이 되었을 것이고, 이후 오곡(五穀)의 대표로 인식되었음은 물론 온갖 곡식을 관장하는 신으로 지위가 격상되었다. 중국의 신화에 의하면 후직(后稷)이라는 사람이 곡식의 신으로 등장하고 있는데 이는 자연신에 대한 숭배에서 인격신으로 변했음을 보여주고 있다.

덧붙여 한마디 한다면 사람이 밭[田] 앞에 꿇어앉아 머리를 조아리고 있는 모습을 그린 畯[4][농부/권농관 준] 역시 토지신의 하나로 볼 수 있다. 즉 준(畯)은 『예기』에서 '연말이 되어 대합제(大合祭)를 지낼 때, 농사 신에게 향례(饗禮)를 드리는데 바로 그 신이 전

보일/땅 귀신 시[2]	흙 토[3]	농부/권 농간 준[4]

준(田畯)이다'고 했듯, 고대 중국에서 농사를 가능케 해주는 토지 신으로 숭배되었던 것이다.

농경사회를 살았던 그들에게서 토지신인 사(社)와 곡식 신인 직(稷)은 최고의 신이었으리라. 그래서 이들이 합쳐진 '사직(社稷)'은 조정이나 국가라는 의미를 만들어 내게 되었다.

서울 사직단(社稷壇). 고대 사회의 규정에 의하면, 정남향이며 동쪽에 곡식 신을 모신 제단[稷壇], 서쪽에 토지신을 모신 제단[社壇]이 배치되었다. 너비가 각각 5장(丈), 높이가 5척(尺)으로 설계되었으며, 제단은 방향에 따라 다섯 가지 색깔의 흙으로 쌓고 다시 황토로 덮도록 했다.

서민은 사당을 짓지 못한 사회
—종묘宗廟와 조상숭배

宗[1][겨레/갈래 종]은 집안[宀]에 제단[示]이 모셔진 모습으로, 돌아가신 선조들의 영령을 모셔 놓은 곳을 말하며, 조상숭배가 반영된 글자이다. 廟[2][사당 묘]는 广[바윗집 엄]이 의미부요 朝[3][아침/조정 조]가 소리부인 글자로, 원래는 돌아가신 조상의 시신을 모셔 놓은 빈소를 말하는 글자였으나 이후 宗의 의미를 대신하게 되어 조상의 시신이 안치되지 않은 '사당'도 지칭하게 되었다. 이후 이들이 합쳐져 종묘(宗廟)라고 하면 왕이나 제후의 조상의 위패를 모셔 놓은 사당을 말하게 되었다. 조(朝)는 수풀[林] 사이로 해[日]가 떠오르는 모습 옆에 달[月]이 그린 모습을 하고 있다. 해가 이미 떠올랐으나 아직 달이 채 지지 않은 '아침'이라는 의미이다. 이후 신하된 자는 아침 일찍 임금께 인사드려야 한다는 뜻에서 '알현하다'는 뜻도 생겼고, 다시 '조정(朝廷)'이라는 의미도 생겨났다.

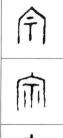

겨레/갈래 종[1]

종(宗)과 유사한 구조로 만들어진 글자가 宋[4][송나라 송]이다. 송(宋)은 집안[宀]에 나무로 만든 위패[木]가 모셔진 모습으로, 제사를 모시는 곳이라는 의미 정도가 원래의 뜻으로 추정되며, 이후 나라이름으로 쓰였다.

주(周)나라 때에 확립된 종법(宗法)제도는 엄격하기로 정평이 나 있다. 종법제도란 전통적 중국 사회를 움직이는 가장 중심 조직인 가족 간의 규칙을 규정한 것으로, 직계와 장자를 존중하는 제도라 할 수 있다. 하지만 자신의 직계 선조와 방계 선조를 대종(大宗)과 소종(小宗)으로 나눈 것은 이미 은

(殷)나라 때의 기록에서부터 보인다. 이는 장자와 적자(嫡子)를 존중하는 관념이 이미 당시에 맹아 했다는 증거가 되며, 이것이 주나라로 이어져 사회를 규정하는 제도로 확립되었고 지금까지도 중국은 물론 우리나라에서도 이러한 틀이 기본적으로 유지되고 있다. 이렇게 되어 종(宗)은 한 겨레붙이가 함께 모여 제사를 지내던 조상의 위패를 모셔 놓은 곳을 지칭하는 말로부터 겨레를 갈래 짓는 의미로 바뀌게 되었다.

사당[廟]의 설치 또한 이러한 종법제도의 영향을 받아 계층의 지위에 따라 엄격히 규정되었는데, 천자는 7묘(廟), 제후(諸侯)는 5묘, 대부(大夫)는 3묘, 선비[士]는 1묘를 설치하도록 했고, 일반 서민은 따로 사당을 짓지 못하고 자신들이 기거하는 침소에서 제사를 지내도록 규정했다.

*		
사당 묘²	아침/조 정 조³	송나라 송⁴

조선 시대 역대 왕과 왕비 및 추존된 왕과 왕비의 신주(神主)를 모신 조선 왕실, 대한제국 황실의 유교 사당. 면적은 186,786㎡. 태묘(太廟)라고도 한다.
'종묘사직'이란 말에서 알 수 있듯 전제왕조 당시 왕실과 나라를 상징하는 대표적인 건물 중 하나였다. 1963년 1월 18일 사적 제125호로 지정되었고 1995년 유네스코가 세계문화유산(세계문화유산)으로 정식 등재하였다.(나무위키)

1.11.

술을 제단에 바치다
—복福과 고대의 제사

복 복[2]

고대 중국에서 제사는 더없이 중요하고 큰일이었다. 제사는 사실 인간이 신과 교통하고 대화하기 위한 행위로, 신에게 복을 빌거나 신의 힘에 의지하여 재앙을 극복하고자 하는 의도가 담겨 있었다. 물론 여기서 말하는 신에는 자연신이나 천지신, 조상신이 모두 포함된다. 이러한 신에게 드리는 제사에는 가장 경건한 마음은 물론 가장 훌륭한 제수(祭需)를 올려야만 했다. 그 대상과 목적에 따라 갓 수확한 곡식을, 혹은 소나 양 등과 같은 갖가지 희생(犧牲)을, 심지어는 사람을 제수로 바치기도 했다.

지금의 추수 감사제에 비견될 수 있을 제사의 하나였던 烝[1][찔 증]은 겨울이 되면 갓 수확한 곡식을 올려 조상에게 감사를 드리던 제사이다. 증(烝)은 원래 그림처럼 벼[禾]나 쌀[米]이 담겨진 두(豆)라는 용기를 두 손으로 받들고 있는 모습을 형상했다. 금문의 다른 형태에서는 이것이 제사 드리는 행위라는 의미를 명확하게 하고자 示[보일/땅귀신 시]를 더한 것도 있다.

또 새나 돼지를 조상에게 올리는 彝[2][법/술그릇 이]라는 제사가 있다. 이는 다리가 뒤로 묶이고 목이 잘린 희생(犧牲)을 두 손으로 받들고 있는 모습을 형상했다. 목이 잘린 희생물이 彑[돼지머리 계], 다리를 뒤로 묶었던 줄이 糸[가는 실 멱], 두 손이 廾[손 맞잡을 공]으로 표현되었고, 이후 쌀[米]이 덧보태어졌다. 그리하여 이(彝)는 이후 제기를 총칭하는 이름으로 쓰이게 되었는데, 청동으로 만든 제기를 청동(靑銅) 이기(彝器)라 부르는 것도 이 때문이다. 물론 지금의 증(烝)이나 이(彝)에는 원래 뜻인 일종의 '제사'라는 의미는 쓰이지 않은지 오래다.

이러한 햇곡이나 희생물 이외에도 제사에 필수적으로 따라야 하는 것이 술이다. 福[복 복]은 바로 술독[酉]을 두 손으로 들고 조상의 신주[示] 앞에서 따르고 있는 모습을 형상한 글자이다. 이후 두 손을 나타내는 부분은 생략되고 술독[酉]의 모습이 조금 변해 지금처럼 되었다. 술[酉]을 조상에게 올려 '복'을 기원하는 제사[示]에서 '복(福)'이라는 의미가 생겼다. 술독이 집안에 모셔져 있는 모습이 富[풍성할 부]이다.

*	
찔 증[1]	법/술그 릇 이[3]

인간을 닮은 귀신

—가면과 귀신鬼

고대 중국인들은 귀신의 존재를 믿었다. 하지만 '귀신'을 한자로 그려내라고 한다면 여간 어려운 일이 아니다. 하지만 그들은 사람이 죽어 귀신이 된다고 생각했던 때문인지 살아 있는 사람의 모습에 근거해 '귀신'이라는 형상을 그려내고 있다.

『주례』에 의하면 당시 악귀를 몰아내는 일을 전담했던 방상시(方相氏)라는 관리가 있었으며, 마을에 악성 전염병이나 재앙이 들면 그는 부하 무리들을 이끌고 해당 지역을 이리저리 돌며 악귀를 내몬다고 했다. 그의 형상이 가관인데, 곰의 가죽을 덮어쓰고 눈이 네

귀신 귀[1]	두려워할 외[2]	다를 이[3]

개 달린 쇠 가면을 쓰고, 검은 옷을 걸치고 붉은 바지를 입고서 손에는 창과 방패를 들고 있다. 지금은 없어진 글자이긴 하지만 그림(1)이 이의 이해에 조금은 도움을 줄 것이다.

鬼[1][귀신 귀]는 사람이 얼굴에 커다란 가면을 쓰고 있는 형상이다. 이 가면을 쓴 '귀신'이 손에 창과 같은 무기를 들고 있는 모습을 그린 것이 畏[2][두려워할 외]이다. 손에 무기까지 들고 있으니 더더욱 공포감과 무서움을 더해 줄 수 있기 때문이리라. 또 얼굴에 커다란 가면을 걸치고 손을 위로 들어 춤을

추고 있는 모습을 그린 것이 異³[다를 이]이다. 보통의 형상과는 달랐으므로
해서 '특이하다'나 '기이하다'는 뜻이 생겼다.

또 그들은 정신은 육체를 떠나 존재할 수 있다고 믿었는데, 이 '정신'이 바로
魂[넋 혼]이며, 이는 이후 '민족혼(民族魂)'과 같이 모든 사물의 혼을 지칭하
는 말로 의미가 확대되
었다. 그리고 이 혼에
대응되어 만들어진 것
이 魄[넋 백]이다. 그래
서 형체에 붙어 있는
영혼을 백(魄)이라 하는
반면 기(氣)에 붙어 있
는 영혼을 혼(魂)이라
한다.

귀(鬼)자의 글자 창제에
서 볼 수 있듯 고대 중
국인들은 '귀신'이라는
추상적 개념조차도 살
아 있는 사람에 근거해
그려낼 정도로 그들의
사고는 언제나 '인간중
심적'이었다. 그리고 그
들에게 '귀신'은 살아
있는 사람과의 대립적,
적대적 존재가 아닌 살
아 있는 사람들을 보살
피고 복을 내려 주며
계속적으로 연계되어
있는 존재였다.

방상시(方相氏). 악귀를 내쫓고 중국 민족을 보호하는
직관으로, 황제 시대 때부터 있었다고 전해진다. 마을에
전염병이 돌거나 사람이 죽어 장례를 치를 때면 악귀
모습을 한 방상시를 내세워 악귀를 내쫓곤 했다. 형상이
가관인데, 곰의 가죽을 뒤집어쓰고 눈이 4개 달린
쇠가면을 쓰고, 검은 옷을 걸치고 붉은 바지를 입고서
창과 방패를 들고 있다. 곰의 형상을 한 것은 황제(黃帝)
유웅씨(有熊氏)가 곰을 토템으로 삼던 씨족이었고 그의
화신을 방상시로 여겼기 때문으로 보인다.
『하남한대화상전』83쪽. 『한화문학고사』(하) 136쪽.

상니리 때의 칭동 가먼.

삼성퇴(三星堆) 출토 청동 가면. 사천성 광한(廣漢)시. 1986년 처음 발견되었다.

02
수렵에서 농경으로

2.01.

구덩이를 파 짐승을 잡다
―함정陷穽과 사냥법

이번에는 고대 중국인들의 사냥에 관련된 한자들을 살펴보자. 짐승을 사냥하는 모습을 형상한 글자로는 逐[1][쫓을 축]을 들 수 있다. 이것은 사슴[鹿]이나 멧돼지[豕] 같은 들짐승과 사람의 발[止]의 모습을 그려, 들짐승을 뒤쫓는 모습을 형상했다.

참고로 오늘날 우리가 쓰고 있는 '함정'이란 단어는 원래 陷[2][빠질 함]과 穽[3][함정 정]이라는 두 글자로 나뉘어져 있던 것으로서 그 뜻도 서로 달랐다. 즉, 함(陷)은 사람의 발이 구덩이에 빠진 모습이며, 정(穽)은 사슴 등의 짐승이 구덩이에 빠져 있는 모습을 형상했다. 따

쫓을 축[1]	빠질 함[2]	함정 정[3]	쏠 사[4]	돼지 체[5]

라서 함(陷)은 사람의 모습이요, 정(阱)은 짐승의 모습이다. 그러던 것이 이후 두 글자가 합쳐지면서 함정(陷阱)은 덫이라는 뜻 이외에도 모면할 길이 없는 역경이라는 뜻이 생겨나게 되었다.

射[4][쏠 사]는 화살의 시위를 당기고 있는 모습이며, 사냥에 활이 유용한 도구였음을 보다 잘 나타내 주고 있는 글자는 彘[5][돼지 체]이다. 이는 그림에서와 같이

개(犬). 하남성 남양 출토 화상석

화살[矢]과 돼지를 그려서 활을 쏘아 멧돼지를 잡는 모습을 나타내고 있다.

조류를 잡는 법에 관련된 글자로 畢[6][마칠 필]은 그 윗부분이 그물[网]을, 아랫부분은 새를 잡는 기구를 나타내는 손잡이를 형상했다. 그리고 羅[7][새그물 라]는 그물[网] 속에 새[隹]가 들어 있는 모습으로 새를 그물로 잡는 모습을 그렸다. 이후 보다 의미를 명확하게 하기 위해 糸[가는 실 멱]을 더해 지금처럼 되었다. 獲[8][얻을 획] 역시 새[隹]를 손[又]으로 잡고 있는 모습이었으나 이후 다시 사냥개[犬=犭]을 그려 넣어 의미를 명확하게 했다.

물고기를 잡는 법으로는 漁[9][고기 잡을 어]가 있는데, 갑골문에 의하면 다양한 모습으로 표현되고 있다. 낚시나 그물, 혹은 두 손을 사용해서 물고기를 잡는 모습을 그렸다. 그런 즉 어(漁)는 물고기를 잡는 여러 가지 방법을 그린 글자이다.

(그림)	(그림)	(그림)	(그림)
(그림)	(그림)	(그림)	(그림)
(그림)	(그림)	(그림)	(그림)
畢	羅	獲	漁
마칠 필[6]	새그물 라[7]	얻을 획[8]	고기 잡을 어[9]

사냥모습. 말을 타고 달리며 새를 잡는 큰 그물채가 필(畢)자를 닮았다.
중국화상석전집』 제5권 30쪽.

인간의 오래된 친구

—개犬와 사냥

개는 동서양을 막론하고 충절과 변함
없는 헌신의 상징으로 알려져 있다.
그래서 개는 인간에게 매우 중요하고
도 친숙한 가축이었으며, 그 사육 또
한 가축 중에서 가장 먼저 이루어진
동물이기도 하다. 그래서 중국에서는
12간지 중 11번째의 상징적 동물이기
도 하며, 6대 가축 중의 하나이다. 중
국의 개는 흔히 똥개라 불리는 황구
(黃狗)가 대표적인데, 이는 올이 굵고
뻣뻣한 털로 된 머리털과 등 뒤로 높
게 말아 올린 꼬리, 날카롭고 쫑긋한
귀, 주둥이가 뾰족한 머리를 가졌으며,
색은 일반적으로 누렇거나 검다.

짐승 수[1]	개 견[2]	냄새 취[3]

犬[1][개 견]은 개의 모습을 그대로 그린 것으로 치켜 올라간 꼬리가 특징적이
다. 개는 후각이 매우 발달한 동물이다. 臭[2][냄새 취]는 自[몸/스스로 자](이는
원래 코를 형상한 글자였으나 이후 몸이라는 의미로 확대되었고 다시 1인칭
대명사인 '나'라는 의미로 사용되었다)와 견(犬)으로 구성된 글자이다. 그런
즉 이는 '개의 코'라는 뜻이 되고, 여기서 '후각'이라는 뜻이 파생되어 나왔
다.

어떤 짐승들 보다 후각이 발달한 개의 이러한 특성 때문에 개는 사냥할 때에도 매우 유용하게 이용되었다. 獸³[짐승 쉬]의 경우, 왼쪽 부분은 그물망을 형상한 것이고 오른쪽은 개의 모습을 형상했다. 그물이나 개는 모두 짐승 사냥에 유용하게 쓰였던 것이었을 것이고, 이로부터 '짐승'이라는 의미를 갖게 되었다.

尨⁴[삽살개/얼룩얼룩할 방]은 견(犬)에 터럭을 나타내는 彡[터럭 삼]이 보테어진 글자로, 배에 털이 길게 난 모습을 형상하여 '털이 많은 개'를 방(尨)이라 했으며, 이후 털이 얼룩덜룩한 개도 지칭하게 되었다.

삽살개는 일반적으로 우리나라의 소백산맥(小白山脈)의 강원도 지방이 원산지로 알려져 있으며, 온몸이 긴 털로 덮여 있고 귀는 축 처져 있으며 눈과 입가에도 긴 털이 더부룩하게 나 있다. 누런 털에 연한 회색 털이 섞인 청삽사리가 있는데 청삽사리는 달빛을 받으면 털이 푸르스름한 빛을 띤다. 예로부터 용맹함과 강인함의 상징으로 되어 있으며, 체질도 강하여 추위를 잘 이겨낸다. 주인에 대한 복종심이 강하다.

自⁵[스스로 자]는 원래 코의 형상을 그렸다. 동양인들은 서양인들에 비해 코가 낮기 때문에 위에서 본 평면도를 그렸다. 서양인들은 보통 측면도를 그려 높게 솟은 코를 두드러지게 표현한다. 이후 자(自)는 '나'나 '우리'를 뜻하는 1인칭 대명사로 사용되게 된다. 이 과정에 관해서 많은 사람들이, 중국인들은 자기 자신을 가리킬 때 우리처럼 손을 가슴에다 대는 것이 아니라 코에다 손가락을 갖다 대면서 '我……(내가……)'라고 하기 때문이라고 한다. 중국인들에게 분명 이러한 독특한 습성이 존재한다. 하지만 이러한 습성이 보편적인 것인지, 고대 때부터 그러했는지에 대해선 알 길이 없다. 여하튼 자(自)가 1인칭 대명사로 쓰이게 되자 원래 뜻인 '코'를 나타낼 때에는 발음부호인 畀[줄 비]를 더하여 鼻[코 비]를 만들어 내었다.

자(自)에 원래 뜻인 '코'의 의미가 남아 있는 경우는 위에서 보았던 취(臭) 이외에도 息[숨 쉴 식]에서 그 흔적을 찾아 볼 수 있다. 식(息)은 코[自]와 심장

삽살개

*	
삽살개/ 얼룩얼룩 할 방[4]	스스로 자[5]

[心]이 합쳐진 구조이며, 코는 호흡기관이기 때문에 이는 '숨 쉬다'의 뜻을 가지게 되었다. '천식(喘息, 헐떡이다)'이 이 예에 해당한다. 호흡은 생명유지의 필수 조건이기에 이로부터 '자라나다', '생겨나다', '불어나다'의 뜻을 가지게 되었다. 옛날 우 임금의 아버지인 곤(鯀)은 하느님의 식양(息壤)을 훔쳐 홍수를 막았다는 전설이 있는데, 식양(息壤)은 저절로 '자라나는' 땅을 말한다. 그리고 자식(子息)이나 여식(女息)이라는 말도 있는데 이는 자식이 부모로부터 '생겨났기' 때문에 만들어진 이름이다. 또 자주 쓰는 '이식(利息, 이자)'도 원금으로부터 불어난 돈이기 때문에 붙여진 이름이다.

소식(消息)이라는 말은 그 역사가 오래된 말이다. 『주역·풍(豐)』에 '천지의 차고 빔이 때와 더불어 자라나고 없어진다네(天地盈虛, 與時消息).'라는 말이 있는데, 여기서의 소식(消息)은 소장(消長), 즉 없어지고 자라난다는 뜻이다. 물질세계와 인류사회의 모든 변화는 바로 없어지고 자라나는 것으로 귀결되며, 옛 것은 없어지고 새로운 것은 끊임없이 생겨남이 철리(哲理)이다. 그래서 소(消)와 식(息)은 세상만사를 대표하는 용어가 되었다.

식(息)을 구성하는 또 다른 부분인 심(心)은 심장을 말하는데, 인간의 호흡은 혈액순환과 밀접한 관계를 갖고 있으며 공통된 특징도 갖고 있다. 즉 사람이 살아 있으면 호흡과 혈액 순환은 절대 멈추지 않으며, 사람의 활동이 강해질수록 호흡과 심장 박동 또한 강해진다. 반면 호흡과 심장 박동이 멈추면 죽고 만다. 그래서 고대 중국인들은 코와 심장을 호흡과 생명의 상징으로 인식했음을 알 수 있다.

이처럼 식(息)은 천천히 쉬는 숨이요, 천(喘)은 빠르게 쉬는 숨을 말한다. 이로부터 식(息)에는 '숨을 천천히 쉬다', '멈추다', '꺼지다'(이 때에는 熄으로 분화하여 씀) 등의 뜻도 가지게 되었다. 우리가 자주 쓰는 휴식(休息)은 바로 쉬면서 숨을 천천히 쉰다는 뜻이요, 자강불식(自强不息)은 스스로 노력하여 멈추지 아니한다는 뜻이며, 식멸(息(=熄)滅)은 '꺼지다'는 뜻이다.

또 皆[모두 개]는 지금은 比[견줄 비]와 白[흰 백]의 결합으로 되어 있으나 원래는 백(白)이 자(自)로 되었었다. 그래서 개(皆)는 코를 나란히 하여 함께 숨을 같이 쉬다는 의미로, 호흡을 함께 하며 공동의 운명을 나누는 것을 말한다. 이로부터 '모두', '전부' 등의 뜻이 생겼다. 여기에서 파생된 諧[화합할 해]는 '화합하다'는 뜻이, 偕[함께 해]는 사람이 함께 하는 것을 말한다.

수렵도. 한나라 화상석. 하남성 남양현(南陽縣) 영장(英莊) 출토

2.03.
사냥의 필수 도구, 그물과 개
—날짐승禽과 길짐승獸

짐승을 나타내는 한자로는 禽[짐승 금]과 獸[짐승 수]가 있다. 지금은 붙여서 금수(禽獸)라고 쓰지만, 옛날에는 이 둘을 구분하여 사용했다. 즉 "발이 두개요 날개가 있는 것을 금(禽)이라 하고, 발이 네 개요 털이 있는 것이 수(獸)라 했다."

하지만 이 글자들은 원래 새나 짐승을 나타내는 것이 아니라 그것들을 잡는 행위를 형상했다. 즉 금(禽)은 원래 조류를 잡을 수 있는 손잡이 달린 그물을 그려서 '새를 잡다'는 동사적 의미를 나타내었지만, 이후 길짐승과 대칭되는 '날짐승'이라는 명사적 의미로 사용되었다. 그리고 소전 단계에서부터 독음을 나타내는 수[이제 금]이 첨가되고 그물을 형상한 원래의 모습이 알아볼 수 없을 정도로 변하여 지금처럼 되었다. 한편 새를 잡는 행위의 표현은 금(禽)에서 다시 수(扌=手)를 덧붙여 擒[사로잡을 금]으로 분화되었다.

짐승 금[1]

수(獸)의 경우 왼쪽 부분은 그물망을 형상했고 오른쪽 부분은 개[犬]를 형상했다. 그물이나 개는 모두 짐승 사냥에 유용하게 쓰였던 것이고, 이들을 통해 짐승 잡는 행위를 그리고 있다. 이후 이 글자가 '짐승'이라는 뜻을 나타내게 되자, 원래의 이러한 행위를 나타낼 때에는 狩[사냥 수]를 사용하게 되었는데, 이는 犬(=犭)[개 견]이 의미부이고 守[지킬 수]가 소리부로 기능하고 있다.

세월이 흐르면서, 짐승의 수렵으로부터 점점 이를 잡아다 기르는 법을 터득

하게 되었는데, 이것이 반영된 글자가 牧³[기를/목장 목]과 畜⁴[쌓을/기를 축]
이며, 목(牧)은 손으로 막대를 들고[攴=攵] 소[牛]를 치고 있는 모습이다. 축
(畜)은 창자와 연이어 진 胃[밥통 위]의 형상으로 식품을 저장할 수 있다는
뜻이다. 이로부터 고기나 육류의 저장을 가능하기 해주는 가축의 사육이라
는 의미로 확대되었으며, 그렇게 되자 원래의 '저장하다'는 의미는 다시 벼
[禾]나 풀[艹]을 더하여 穚[쌓을 축]이나 蓄[쌓을 축]으로 분화되었다.

𤘗	𣅀
𤘸	𤰈
𤘷	𤰈
牧	畜
기를 /목장 목²	쌓을/기 를 축³

수렵도(狩獵圖). 한나라 화상석, 하남성 남양(南陽) 당하현(唐河縣) 침직창(針織廠) 출토.
『중국화상석전집』 제7권 6쪽.

2.04.
발자국에서 태어난 곡식신, 후직
―신농神農과 후직后稷

농사에 관련된 신화로는 곡물 재배법을 발명하고 후세에 전했다는 신농(神農)과 후직(后稷)이 가장 대표적이다.

황제(黃帝)의 동생이기도 한 신농은 염제(炎帝)라고도 불린다. 신농은 오늘날 개념으로 이야기하면 '농사[農]의 신(神)'이라는 뜻이다. 고대 중국어에서는 수식어의 위치가 오늘날과는 달리 종종 뒤에 놓였기 때문에 '농신(農神)'이라 하지 않고 '신농(神農)'이라 했다. 곡식에서의 최고를 후직(后稷), 활에서의 최고를 후예(后羿)라고 한 것도 같은 형식이다. 여기서 후(后)는 임금을 뜻한다.

농사 농[1]

農[1][농사 농]은 사람이 조개껍질[辰]을 갖고서 수풀[林] 사이를 개간하고 있는 모습이다. 숲을 형상한 모습이 지금은 曲[굽을 곡]으로 잘못 변하긴 했지만, 정착 농경이 이루어지기 전 곳곳을 유랑하면서 화전을 일구던 모습이 반영된 글자라 생각된다. 신농의 다른 이름인 염제(炎帝)에 炎[불꽃 염]이 들어가는 것은 어쩌면 화전에 의지하던 당시의 농사법을 반영하여 만들어 낸 신의 이름일는지도 모른다.

신농은 원래 매우 선량하여 농사법을 가르치기도 하였으며 갖가지 약초를 직접 먹어 보고서 사람들의 병을 치료하기도 했다. 하지만 이후 형인 황제와의 불화로 남쪽으로 추방되어 남쪽 지역을 관장하는 신이 되었다. 당시 동쪽은 태호(太皞)씨가, 서쪽은 소호(少昊)씨가, 북쪽은 전욱(顓頊)씨가 담당했다 한다. 신농은 남쪽으로 쫓겨난 이후로도 농사법을 계속 연구하여 쌀의 재배법을 터득했다. 그 결과 신농이 관장하는 남쪽 지역이 가장 잘 살게 되었고, 북쪽 지역은 점점 쇠락해 갔다. 쇠락해 가는 북쪽 지역을 구하기 위해 등장하는 인물이 바로 후직이다.

稷²[기장 직]은 의미부인 禾[벼 화]와 소리부인 畟[보습 날카로울 측]으로 구성되어, 곡식 신[禾神] 앞에 한 사람이 꿇어앉아 기도를 드리는 모습을 그렸다. 稷은 옛날부터 중국에서 전통적으로 재배되어 오던 대표적 농작물인 기장이나 수수를 말하는 것으로 알려져 있다. 직(稷)이 대표적 농작물임으로 해서 자연스레 사람들의 숭배 대상이 되었을 것이고, 이후 오곡(五穀)의 대표로 인식되었음은 물론 온갖 곡식을 관장하는 신으로까지 지위가 격상되었다. 기장이나 수수는 분명 북쪽 지역의 대표적 농작물이다.

대표적 곡식신의 하나이자 주(周)나라의 시조신이기도 한 후직의 탄생 신화는 인간 세상의 비애마저 띠고 있다.

기장 직²

유태씨(有邰氏)의 딸이었던 강원(姜嫄)이 하루는 교외로 놀이를 나갔다 오는 길에 거대한 발자국을 발견한다. 놀라기도 했지만 또 한편의 호기심에 자신을 발을 그 발자국에다 맞대어 보는 순간 이상한 느낌과 함께 배가 불러왔고 그렇게 해서 후직을 낳게 된다. 아비 없이 태어났다는 원죄 때문에 사람들의 이상한 눈초리와 비난을 견디다 못해 길바닥에 버려진다. 하지만 지나가는 마소조차도 이를 짓밟기는커녕 오히려 돌아가면서 젖을 물려주는 게 아닌가? 기이하게 여긴 마을 사람들은 다시 아무도 없는 깊은 산 속에다 내다 버렸지만, 이번에도 지나가는 나무꾼에 의해 거두어 길러졌다. 이렇듯 여러 번의 버림을 받았다고 해서 후직을 棄[버릴 기]라 부르기도 한다.

이렇게 생장한 그는 어렸을 때부터 농사에 관심이 깊어 갖가지 농작물을 직접 재배해 보기도 하고 그 과정에서 얻은 노하우를 전수하고 농기구들도 만들었다 한다. 특히 요(堯)임금의 뒤를 이은 순(舜)임금은 그의 고향인 유태(有

邸) 지역을 농업 시험장으로 특별 지정하기도 했다. 후직에게는 숙균(叔均)이라는 아들이 있었는데, 그 역시 농업의 명수로 우경(牛耕)을 발명하여 당시의 농업에 일대 혁신을 가져다 준 인물로 전한다.

이러한 신화는 수렵이나 원시적 채집에 의존하던 당시의 생활이 남쪽 지역으로부터 시작하여 농경 사회로 넘어가는 단계를 반영한 것으로 보인다.

곡식 재배법을 전수하고 있는 농사의 신 신농(神農).
산동성 무씨사당에 새겨진 화상석.

立我烝民莫匪爾極
終古蒙恩興天合德

后稷

주나라의 시조 후직(后稷), '곡식(稷)의 신(后)'이라는 의미를 담았다.

2.05.
정착농경의 시작
―조개 칼辰과 소牛

태울 분[1]

중국에서의 정착 농경시대는 언제쯤 시작되었으며, 그 이전에는 어떤 방식으로 농사를 지었을까? 초창기의 중국의 농경 지역은 대체로 장강(양쯔 강) 이남의 화남(華南)지역과 황하강 중류의 화북 지역, 장강 하류 및 회하(淮河) 유역의 동해안 지구로 나눌 수 있는데, 이중에서도 화남 지구가 가장 빨라 기원전 약 6천 5백 년 전까지 거슬러 올라간다 한다.

農[농사 농]은 앞에서 말했듯 林[수풀 림]과 辰[조개 신/별이름 진]으로 구성되어 있다. 임(林)은 수목이 울창하다는 의미이고, 신(辰)은 蜃[대합조개 신]의 원래 글자로 조개를 말한다. 조개는 구석기 시대부터 식용으로 삼았던 중요한 해산물의 하나이며, 단단한 껍질은 원시 단계에서 잡초를 제거하고 이삭을 자르는 이상적인 도구로 사용되었다. 그래서 농(農)은 숲이 우거진 지역에서 조개껍질로 잡초를 자르고 수확을 하는 모습을 그림으로써 '농사'라는 개념을 그린 것으로 보인다.

당시는 커다란 나무를 잘라 내고 산지나 초지를 개간할 도구가 없었을 때이므로, 당시의 경작법이란 주로 삼림에 불을 질러 경작지를 만들고 나무의 재를 비료로 삼던 방식이었다. 이러한 모습이 반영된 글자가 바로 焚[1][태울 분]으로, 숲[林]을 불태우고 있는 모습을 그렸다.

인지와 도구의 발달로 관개가 가능해지고 대규모적인 농경이 행해짐으로써 耕[밭갈 경]과 같은 글자가 생겨났다. 경(耕)은 耒[쟁기 뢰]가 의미부이고 井

[우물 정]이 소리부인 구조로 쟁기를 사용한 경작법을 반영하고 있다.

犁[2][쟁기 려]는 소[牛]와 칼[刀]와 함께 흙을 표시한 점들이 그려져 있어, 흙을 파서 뒤집는 쟁기의 모양과 함께 여기에다 쟁기질에 소를 이용했다는 의미를 그리고 있다. 이후 논농사라는 의미에서 벼[禾]가 더해져 지금처럼 되었다.

소를 이용한 경작법, 즉 우경(牛耕)이 시작되자 소의 힘을 효율적으로 이용하기 위해서는 쟁기의 개량이 필수적이었다. 보습에다 일정한 중량을 더함으로써 고랑 파기의 효율을 높일 수 있었다. 方[3][모 방]의 어원에 대해서는 의견이 분분하지만, 끝부분이 두 개로 나뉘어져 있는 날과 횡판(橫板)으로 된 쟁기를 그린 것으로 추정된다.

*	𣥆
*	才
𣪊	方
犁	方
쟁기 려[2]	모 방[3]

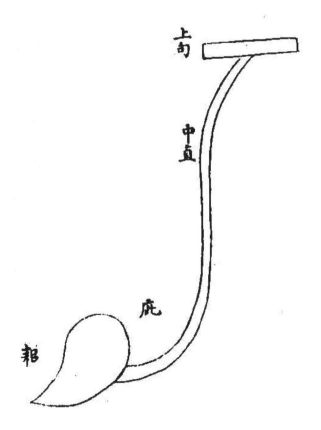

뇌사(耒耜). 『왕정농서(王禎農書)』.

2.06.
조개 칼을 사용한 농경지의 개간
—고생스런 농사일農

앞에서 말했듯, 農[농사 농]은 갑골문에 의하면 林[수풀 림]과 辰[1][간지이름/별이름 진]으로 구성되었다. 신(辰)은 조개가 땅 위를 기어가는 모습을 형상한 글자다. 신(辰)의 원래 뜻은 '조개'였으나 이후 간지자의 이름으로 가차되어 사용되게 되었다. 그렇게 되자 원래의 뜻을 나타낼 때에는 虫[벌레 충]을 덧붙여 蜃[대합조개 신]으로 표현하게 되었다.

농기구가 발달하기 전에는 조개껍질이나 돌 같은 것을 땅을 일구는데 유용한 도구이었을 것이다. 농(農)은 바로 사람이 조개껍질을 들고서 수풀 사이를 개간하고 있는 모습이다. 정착 농경이 이루어지기 전 먹을 것이 있는 곳을 따라 유랑하면서 화전을 일구던 모습이 반영된 글자라 생각된다.

간지이름
/별이름
진[1]

晨[2][새벽 신]은 원래는 두 손과 신(辰)으로 구성된 글자, 즉 두 손으로 조개껍질을 들고 있는 모습으로, 농사일을 한다는 뜻이며, 농사일은 이른 새벽부터 시작해야 하기 때문에 '새벽'이라는 뜻을 가지게 되었다. 이후 두 손을 나타내던 부분이 日[날 일]로 잘못 바뀌어 오늘날의 형태로 고정되었다.

蓐[3][깔개 욕]은 한 손으로 조개껍질을 들고서 풀을 자르는 모습이다. 그래서 이에는 외양간이나 마구간 등에 깔아 주는 풀이라는 뜻을 갖게 되었고, 여기서부터 '깔개'라는 뜻이 파생되었다. 그리고 신(辰)에 촌(寸, 손)이 보태진 글자가 耨[욕보일 욕]이다. 이의 원래 뜻은 '김을 매다'는 뜻이었으나 이후

'욕보이다'는 뜻으로 가차되게 되자 '김을 매다'는
뜻을 나타낼 때에는 耒[쟁기 뢰]를 더하여 耨[김 맬
/호미 누]로 표현하게 되었다.

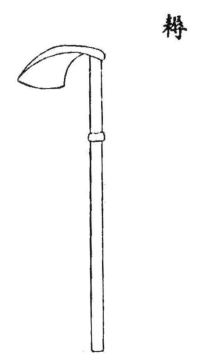

호미[耨].『왕정농서(王禎農書)』

북耕兼種圖

麥粟
梁皆
具用
此

鑱尖

子檔

钁尖

다혈식(多穴式) 파종기를 단 우경(牛耕). 다혈식 파종기는 중국에서 기원전 2세기에 사용되었지만, 서구에서는 16세기까지 존재하지 않았다. 이것은 중국 북부에서 봄에 보리씨를 뿌리는 그림으로, 악이태(鄂爾泰)가 1742년 편집한 『수시통고(授時通考)』에 실려 있다. 『천공개물』.

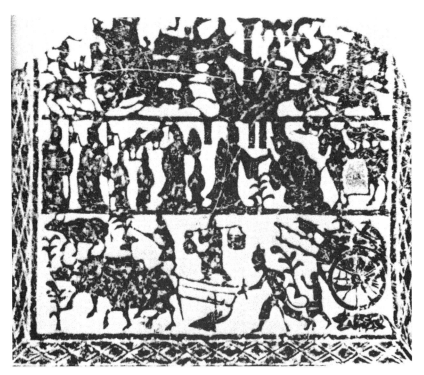

우경도(牛耕圖). 하남성 서주(徐州) 출토. 『중국화상석전집』 제4권 76쪽.

2.07.
아무도 못 말리는 황소고집
—소牛와 감옥牢

牛[1][소 우]는 범과 농사의 상징인 소의 모습을 형상하되 뿔을 특징적으로 그리고 나머지 몸은 추상화시켜 놓았다. 한자에서 牛가 들어간 글자면 모두 '소'와 관련되어 있다.

예컨대 牢[2][우리 뢰]는 집[宀] 안에 소[牛]가 있는 모습으로 외양간이라는 뜻이다. 그러나 이후 사람을 가두는 곳이라는 의미로 확대되어 '감옥'이라는 뜻을 가지게 되었으며, 감옥은 튼튼하게 만들어야 했기 때문에 다시 '견고함'이라는 뜻도 가지게 되었다. 그래서 견고함을 '뢰고(牢固)'라 하고, 견고하여 깨뜨릴 수 없는 것을 '뢰불가파(牢不可破)'라 하지 않던가?

牽[끌 견]은 묶은 실이나 새끼줄을 형상한 玄[검을 현](소리부도 겸하고 있다)과 소[牛]로 구성된 글자로, 소를 끌고 가다는 뜻이며 이로부터 '강제로', '억지로'라는 뜻이 생겨났다. 그래서 '견강부회(牽强附會)'하면 억지로 갖다 맞추려 하는 것을 말한다.

告[3][알릴 고]는 牛와 口[입 구]로 구성된 글자이다. 우(牛)는 종묘의 제사 때 희생으로 바치는 소를 말함이요, 구(口)는 제사를 드리면서 제문을 읽는다는 의미이다. 그래서 '알리다'나 '보고하다'는 뜻이 생겼다.

그리고 牧[기를 목]은 손으로 막대를 들고서 소치는 모습이다. 소를 친다는 뜻으로부터 '관리하다'나 '통치하다'는 뜻이 생겼다. 半[4][절반 반]은 윗부분의 八 모양이 '쪼개다', '나누다'는 뜻을 나타냄으로 해서 소를 반으로 나누다는

소 우[1]

의미이다. 그래서 '반쪽'이라는 뜻이 생겼고, 이로부터 온전하지 못하고 '부족한'이라는 뜻도 가지게 되었다.

		*
우리 뢰[2]	알릴 고[3]	절반 반[4]

우마차와 소를 이용한 농경법. 한 대 화상석. 산동성 제녕시(濟寧市) 박물관 소장.

2.08.
자연스러움이 바로 선善이라네
—코끼리象와 사역使役

기원전 6세기 말쯤 초(楚)나라는 오(吳)나라와의 한 싸움에서 기발한 전략으로 승리를 거두었다. 그 전략은 다름 아닌 코끼리를 이용한 전쟁 법, 즉 코끼리의 꼬리에다 불을 붙여 오나라의 진영으로 몰아넣었던 것이다.

사실, 중국에서의 코끼리 등장의 역사는 이보다 훨씬 앞선다. 기원전 13세기 이전 상나라 기물의 장식 도안으로 자주 등장하는가 하면, 상아로 만든 젓가락과 정교하게 조각된 상아 술잔도 상 왕실에서 사용되었을 정도이다. 이러한 사실로 보아 당시, 황하 유역에서도 코끼리가 꽤나 많이 서식했던 것으로 보인다. 상 왕실의 사건들을 기록한 갑골문(甲骨文)에서도 코끼리 사냥이 자주 등장하고 있으니 말이다.

코끼리
상[1]

그러던 것이 춘추·전국시대쯤에 이르면 기후의 한랭화로 인하여 황하 유역까지 분포하던 코끼리가 양쯔강 유역으로 내려오게 되고, 춘추전국 시대 이후론 황하는 물론 양쯔강 유역에서도 자취를 찾아 볼 수 없게 되었다. 지금은 중국의 가장 남서쪽에 위치한 운남성 일부 지역에서만 찾아 볼 수 있을 뿐이다.

象[1][코끼리 상]은 바로 코끼리의 형상을 그린 것으로 기다란 코가 사실적으로 그려 져 있다. 그 당시 사실 코끼리는 매우 유용한 동물이었다. 가죽과 고기 이외에도 상아는 아직도 매우 진귀한 물품으로 쓰였다. 뿐만 아니라 야생 코끼리는 사육되어 많은 노동력이 필요한 대규모의 토목 사업 등에 동원되었다. 爲²[할 위]는 바로 손[爪]으로 코끼리[象]를 잡고 있는 모습으로 옛 사람들이 코끼리의 코를 잡고 일을 시키는 모습을 형상하고 있다. 즉 이 글자에서, 일하다는 의미는 코끼리를 이용하여 일을 한다는 데서 생겼다.

여기서 파생된 僞[거짓 위]는 인간[亻]의 행위[爲], 즉 작위(作爲)는 바로 참이 아닌 '거짓'임을 선언한 글자이다. 인간이 모든 것, 자연조차도 바꿀 수 있다고 믿는, 그것이 과학의 힘임을 신봉하는 인간의 교만함에 경종을 울리는 경구가 아닐 수 없다. 동양적 전통처럼, 노자가 극력 천명했던 '무위자연(無爲自然)'은 바로 '인위적인 것 없이 자연스런' 상태가 최고의 선(善)임을 되새겨 볼 때, 이 글자를 만든 의도에 새삼 경탄하지 않을 수 없다.

할 위²

중국의 중심 지역에서 코끼리가 사라지게 되자 눈으로 직접 볼 수 없게 되어 버린 동물을 놓고 여러 가지 이야기들이 나오게 되는데, 그중 가장 대표적인 것이 상상(想像)이라는 말이다. 미루어 생각한다는 뜻의 상상(想像)은 원래 상상(想象)으로 썼으니, 즉 코끼리를 생각한다는 뜻이었다. '모습'이나 '닮다'는 뜻을 지닌 像[꼴 상]은 이후 상(象)에서 파생되어 나온 글자이다. 상(象)과 상(像)은 아직도 이들은 자주 혼용해서 쓰기도 한다.

코끼리 길들이기(부분). 코끼리를 길들여 인간의 노동력을 대신했던 것은 매우
일찍부터 이루어진 것으로 보인다. 갑골문 시대 때 이미 손으로 코끼리를 잡고 있는
모습으로써 '일하다[爲]'는 의미를 만들어 냈다. 한나라 화상석, 하남성 남양(南陽)
출토. 88*54cm. 『한화문학고사집』(상) 95쪽.

2.09.

곰이 미련하다고?

—곰熊과 파업罷業

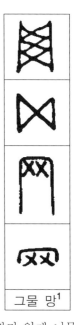

그물 망[1]

오늘날 파업은 노동자가 노동조건의 개선을 위해 다 같이 일하지 않는 것을 의미한다. 하지만 파업을 글자 그대로 풀어 해석한다면, 그것은 '일할 능력을 그물 속에 가두어 버림으로써 생겨나는 업무의 중지'로 해석되어야 할 듯하다.

罷[그만둘/고달플 파]는 网[1][그물 망]과 能[2][곰/재능 능]이 합쳐 만들어진 글자이다. 망(网)은 그물을 형상했고, 이후 발음을 나타내는 亡[잃을 망]이 더해져 罔[그물 망]으로 되었고, 망(罔)의 형체가 망(网)과 망(亡)으로 구성된 것임을 알아보기 힘들게 되자 다시 糸[가는 실 멱]을 더하여 網[그물 망]이 되었다.

여기서 능(能)은 곰의 모습을 그린 글자이다. 곰은 몸집에 걸맞지 않게 나무를 잘 타며 엄청난 힘을 갖고 있으며, 특히 불곰은 사나워 호랑이도 범하지 못할 정도이다. 그래서 이러한 곰의 가공할 만한 힘과 용맹스러움 때문에 원래 곰을 형상한 글자인 능(能)에는 능력(能力)과 재능(才能)을 겸비했다는 의미를 동시에 지니게 되었다.

하지만 곰의 모습을 형상한 능(能)이 '곰'이라는 뜻보다는 점점 재능이나 능력이라는 의미로 주로 쓰이게 되자 원래 의미를 중점적으로 표시하기 위해 만들어 낸 글자가 熊[곰 웅]이다. 웅(熊)은 능(能)과 火[불 화]로 구성된 글자인데, 화(火, 炎[태울 염]의 생략된 형태)는 소리부로 쓰였고 능(能)이 의미부로 쓰였다.

어쨌든 이렇듯 재능의 상징인 곰[能]이 그물[网]에 갇힌 꼴이
罷이다. 그래서 파(罷)에는 쉬다나 그만두다는 뜻이, 다시 고
달프다는 뜻도 있게 되었다. 業[종 다는 널/업 업]은 원래 종
이나 북 등을 거는 가로 댄 나무를 씌우는 장식 널빤지를 말
했으나 이후 일이나 직업이라는 뜻으로 가차되었다.

파업은 노동자들이 자신의 권리를 표현할 수 있는 최후의 수
단이다. 일한 능력을 가진 사람들, 훌륭한 자기 능력을 마음
껏 발휘할 수 있도록 그들을 그물 속에 가두지 말고 가두었
던 그물을 하루 빨리 벗겨 주어야만 할 것이다. 그것이 모든
역경을 헤치고 미래 로 나가는 길일 것이다.

*
곰/재능 능²

곰. 한나라 화상석. 하남성 남양(南陽) 출토. 남양화상석박물관 소장. 오른쪽으로 소를
거세하는 모습도 보인다.

2.10.

송나라 때에도 위조지폐 사건이 있었다

─조개貝와 화폐

동전이 나오기 전 고대 중국에서는 조가비와 거북 껍질 등이 화폐로 사용되었으며, 진나라에 이르러 조개 화폐 대신에 주화인 錢[돈 전]이 생겨났고, 당나라 대부터는 지폐가 사용되기 시작했다. 그리고 이 지폐의 사용과 더불어 중국에서도 위조지폐가 대단한 사회적 문제를 일으켰다. 기록에 의하면 중국의 최초의 위폐사건은 송나라 때의 한 조각가가 6개월 동안 무려 2천6백장의 위폐를 인쇄해서 발행했다 사형되었던, 지금으로부터 무려 8백 년도 더 되는 오래 전 일이다.

조가비를 매개의 수단으로 사용한 조개 화폐는 명나라까지도 운남 지역에서 '해파(海贝)'라는 이름으로 사용되었다. 전(錢)은 청동을 의미하는 金[쇠/금 금]과 소리부이면서 적다는 의미를 지닌 戔[작을 전]으로 구성된 글자인데, 동전이 얇기 때

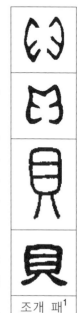

조개 패[1]

문에 붙여진 이름일 것이다. 엽전의 안은 네모지고 겉은 둥근데, 네모진 것은 땅을 의미하고 둥근 것은 하늘을 상징한다. 지폐는 8세기말에서 9세기 초쯤 발명되었는데, 손위에 올려놓으면 날아가 버릴 정도로 가벼워 처음에는 '비전(飛錢)'이라 불렸다. 이는 1661년에 발명된 서구의 지폐보다 무려 5백년 이상 앞서는 것이다.

貝[1][조개 패]는 조개를 형상한 것이다. 그래서 한자에서 패(貝)가 들어가면 모두 화폐나 재물과 관련되어 있다. 예컨대 財[재물 재], 貨[물건 화], 貢[공물 공], 賑[구휼할 진], 贈[증정할 증], 貸[빌려줄 대], 賣[팔 매] 등이 그렇다. 그래서 賞[2][상줄 상]은 尙[숭상할 상]이 소리부요 貝가 의미부인 형성자로 '상주

다는 의미를 갖고 있고, 寶³[보배 보]는 집 안[宀]에 옥(玉)과 조개(貝)가 들어 있는 모습을 형상한 것이다. 이후 독음을 나타내는 缶[장군 부]가 첨가되어 오늘날의 형태로 고정되었다.

그리고 買⁴[살 매]는 윗부분이 그물 모습으로, 그물로 조개를 건지고 있는 모습이다. 여기서 재미있는 것은, 고대 중국인들이 '사다'는 개념을 그리면서 물건을 사는 어떤 구체적 행위를 그린 것이 아니라, 오히려 물건을 살 수 있는 화폐, 즉 조개를 잡는 모습을 그리고 있다는 점이다. 이것은 철저히 '인간의 입장이 먼저 고려된, 당시 화폐로 쓰였던 조개의 기능에 근거하고 다시 여기서 예상되는 인간 행위의 의미를 그려낸 것으로 '인간중심주의적' 사고가 직접적으로 드러난 표현이라 하겠다.

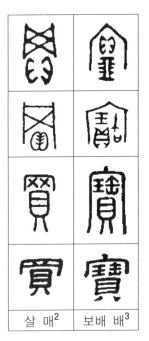

| 살 매² | 보배 배³ |

한편, 한 손으로 조개를 잡고 있는 모습이 得[얻을 득]이다. 조개(貝)를 손에 쥐면(寸) 필요한 모든 것을 얻을 수 있었을 것이다. 이후 사거리를 뜻하는 척(彳)이 더해져 지금처럼 되었다. 또 조개를 두 손으로 들고 있는 모습은 具[갖출 구]이다. 이 역시 득(得)과 같은 의미에서 만들어진 글자이다. 貫[꿸 관]은 이러한 조개 화폐를 실에 꿰어 놓은 모습이다.

개오지 조개. 고대 중국에서 화폐로 쓰였던 조개이며, 패(貝)는 이를 그린 것으로 보인다.

제비집이 많은 북경의 옛 이름, 연경

—제비燕와 연경燕京

제비는 그림에서 보는 것과 같이 매우 형상적으로 그려졌다. 크게 벌린 입과 머리, 날렵하게 날아가는 날개와 꼬리를 갖춘 제비의 모습이 잘 그려진 글자이다. 아직도 대체적인 모습을 간직하고 있으나 꼬리 부분이 네 점[灬]으로 변해 火[불 화]와 혼용되어 버렸다.

제비 연[1]

하버드 대학에 가면 하버드—옌칭(燕京)연구소가 있다. 하버드 대학과 연경 대학이 공동으로 설립한 미국 최고의 중국학 연구 기관이자 최고의 자료를 보유하고 있는 곳이기도 하다. 여기서 말하는 연경(燕京)은 북경의 옛 이름이다. 북경은 전국시대 때 연(燕)나라가 이 지역에 위치했었다. 그래서 붙여진 이름이다. 일설에 의하면 연경은 요(遼)나라 이후 지금껏 계속 중국의 수도로 사용되어 온 역사적 도시이기에 여기에는 고대 건축물이 즐비하고 이 건축물들에 제비집들이 많았기 때문에 붙여진 이름이라 하기도 한다.

제비. 燕자는 날아오르는 제비의 모습을 잘 그렸다.

전통적으로 제비는 사람이 사는 집에 집을 짓고 살기 때문에 집이든 가게든 제비가 날아들어 둥지를 만드는 것은 성공의 조짐 혹은 사업이 번창할 길조로 인식되었다. 하지만 '제비'

자체에 대해서는 그리 좋지만은 않은 상징으로 사용되고 있다. 예컨대 제비의 울음소리로 '여자의 재잘거림'을 비유하기도 하며 제비집으로 '부서지기 쉽거나 불안정한 혹은 위험한 자리'를 상징하기도 했다. 또 잘 알고 있듯 '제비나 참새가 어찌 기러기나 고니의 뜻을 알리오[燕雀安知鴻鵠之志哉]?'(『사기』)라는 말에서처럼 소인배를 상징하기도 한다.

이후 燕[제비 연]은 宴[잔치 연]과 독음이 같음으로 해서 '잔치'라는 뜻으로도 쓰이게 되었고, 이로부터 '한가한' 혹은 '편안한'이라는 뜻도 가지게 되었다.

하버드 대학 내에 설치된 하버드-옌칭 연구소(Harvard-Yenching Institute, 哈佛燕京學社). 미국의 중국학 연구의 중심지이다.

2.12.

중국인의 애환이 황하 따라 흐르네
—홍수와 재앙 災

"그대는 보지 못했는가?
황하의 물은 하늘에서 와
세차게 흘러 흘러 바다에 이르면
다시는 되돌아오지 못한다는 것을."

중국의 시선이라 부리는 이태백이 읊은 「장진주(將進酒)」의 도입부이다. 황하를 인생에 비유했던 태백의 장대한 이미지가 잘 서려 있는 시다.

재앙 재[1]

길이가 자그마치 5천5백 킬로미터나 되는 거대한 강 황하는 그 야말로 중국의 상징 그 자체이다. 하지만 황하의 거대한 물줄기에 의해 운반되는 엄청난 양의 황토와 1킬로미터 당 20센티미터도 채 되지 않는 너무나도 완만한 경사 때문에 황하는 잦은 범람과 함께 수시로 물길을 바꾼다. 사실 황하 유역의 홍수는 지금껏 평균 2년에 한번 꼴이며, 지금은 천진 부근에서 황해로 흘러드는 황하의 물길도 1947년까지만 해도 산동 반도의 남쪽으로 해서 황하로 흘러들었으며, 그보다 10년 전에는 산동의 북쪽으로, 그보다 또 100여 년 전에는 반도의 남쪽으로 통해 흘러들었다.

이처럼 잦은 범람과 물길의 변화를 막기 위해, 사람들은 인공 제방을 쌓았고, 그 결과 강바닥은 자꾸 높아만 갔다. 실제로 북송의 수도로 유명한 개봉

시의 경우 현재 황하의 강바닥이 시가지 보다 10미터 이상이나 높은 상태이다. 그러므로 만약 홍수로 인하여 강둑이 터진다면 개봉은 최소한 3층까지는 완전히 진흙탕으로 뒤덮이고 말 것이다.

연구에 의하면, 과거 3천 년 동안 범람과 제방의 파괴는 1천5백 회 이상 이루어진 것으로 알려져 있으니 평균 2년에 한 번 꼴은 황하가 넘쳤다는 이야기이다. 하도(河道)의 변천만 해도 26회에 이르고 특히 큰 하도 변화도 9회나 되며 그 피해도 막대하였다. 특히 1938년 중·일 전쟁 당시 일본군의 추격을 저지하기 위해 국민정부군이 하남성 정주시 부근의 제방을 파괴했을 때에 이재민이 무려 1천2백50만 명, 사망자가 89만 명에 달하였다고 한다.

이렇게 황하의 범람은 중국인들에게 있어서 가장 무서운 재앙이었다. 災[1][재앙 재]는 이를 반영하는 글자로 원래의 모습은 강이 범람하여 물이 출렁거리는 형태로 재앙이 홍수에 의한 것임을 말해 주고 있다. 이후 火[불 화]가 더해져 지금처럼 되었는데, 화(火)는 화재에 의한 재앙이거나 불처럼 뜨겁게 내리쬐는 햇빛에 의한 재앙, 즉 '가뭄'에 의한 재앙을 말한 것이라 보인다. 이렇게 됨으로써 이 글자는 홍수와 가뭄이라는 전 인류의 두 가지 대표적인 재앙을 한 글자 안에 다 담게 되었던 것이다.

한편, 재(災)와 같은 글자로 灾[재앙 재]가 있다. 이는 분명 '화재'가 가져다주는 재앙을 말한 글자로 집안[宀]에 불이 난 모습이다. 또 대략 전국(戰國)시대 말기쯤에 이르면 재(災)의 다른 표기법으로 烖[재앙 재]가 나타나는데, 이는 전쟁을 나타내는 창[戈]과 불[火]이 합쳐지고 소리부인 재(才)가 더해진 글자이다. 전쟁에 의한 재앙이 당시 얼마나 심각했는지를 반영하는 글자이다.

황하 강. 이름처럼 물 색깔이 온통 누런색이다. 중국 서북부의 황토고원에서 실려 온 황토는 중국 문명의 특성을 결정지을 정도로 중국문명 형성에 큰 역할을 했다.

2.13.

러브호텔에 빼앗긴 농토

─묵정밭菑과 토지의 황폐

옛날 사람들은 전통적으로 홍수, 가뭄, 화재 등을 가장 크고 주요한 재앙으로 여겼다. 하지만 요즈음의 개념으로 본다면 재앙의 범주로 분류하기는 힘들지 모르겠지만, 홍수나 가뭄이 필연적으로 수반했던 '농토의 황폐' 또한 그들에겐 생존의 문제와 직결되는 커다란 재앙 중의 하나였을 것이다.

이러한 생각이 직접적으로 반영된 한자가 바로 菑[묵정밭 치/재앙 재]이다. 묵정밭이란 묵어서 잡초가 우거져 못쓰게 된 땅을 일컫는다. 이 글자에 '묵정밭'과 '재앙'이라는 의미가 함께 들어 있다는 것은 그들이 이를 커다란 재앙의 하나로 인식했음을 알 수 있다. 치(菑)는 원래 甾[묵정밭 치]로 쓰던 것을 이후에 艸[풀 초]를 더해 만든 글자이다. 치(甾)는 물이 넘쳐 강이 범람한 모습을 형상한 巛(災[재앙 재]의 옛글자)와 田[밭 전]으로 구성된 글자로, 강이 넘쳐 농지를 덮친 모습을 형상하였다. 강이 범람하여 논밭을 덮치게 되면 곧 잡초가 우거지게 되고 잡초가 우거지게 되면 더 이상 농사짓기는 힘들고 만다. 정착 농경을 했던 고대 중국인들에게 농사지을 토지의 상실처럼 더한 좌절감을 안겨다 주는 재앙은 없었으리라.

흔히 풀이 무성해져 못쓰게 된 땅을 두고서 황무지(荒蕪地)라 한다. 荒[거칠황]과 蕪[덧거칠 무]에서 巟[넓을 황]과 無[없을 무]는 각각 소리부인 동시에 의미의 결정에도 관여하고 있다. 즉 전자는 풀[艸]이 드넓게[巟] 난 것을 말하고, 후자는 풀[艸] 조차 자라지 않는[無] 황폐한 땅을 말한다.

오늘날 우리의 시골에서는 농지의 '대 황폐화'가 자행되고 있다. 옛날 정성

들여 가꾸던 옥답(沃畓)은 농사지을 사람이 없어 '묵정밭'으로 변해 가고, 목 좋은 농토들은 공장, 주택, 음식점, 모텔, 심지어는 러브호텔로 그 자리를 빼 앗기고 있다. 도시를 사는 우리들은 어떻게 느낄 진 몰라도 채 얼마도 되지 않은 옛날, 황무지를 괭이 하나로 밭으로 일구고, 밭에 박힌 자갈을 맨손으 로 하나하나 가려내어 만들었던 논에 다시 역으로 자갈이 채워지고 갖다 붓 는 시멘트, 그 거대한 콘크리트 더미로 변해 가는 농토를 보면서 그 땅을 일구고 삶의 터전으로 삼았던 우리 부모 세대들의 가슴은 어떠할까?

03
모계에서 부계사회로

3.01.

여자가 세상을 낳다

―여자女와 성姓

女[1][여자 녀]는 두 팔을 앞으로 모으고 왼쪽으로 앉아 있는 여인을 형상한 글자이다. 여기에다 두 점을 찍어 유방 부분을 강조하면 母[2][어미 모]가 된다. 이는 젖을 먹여 아이를 키우는 여인의 모습을 강조한 것이다.

계집 녀[1]

姓[성 성]은 女와 生[날 생]이 합쳐져 만들어진 글자로, '여자가 낳았다'는 뜻이다. 물론 生은 소리부의 역할도 겸하고 있다. 옛날 원시사회 때는 남자보다 여자가 지배적 위치를 차지하고 있었다. 이는 경제적으로 여자의 채집 행위가 남자의 사냥보다는 훨씬 안정적이었기 때문이기도 하고, 다른 한편 당시의 군혼제(group marriage) 형태 하에서는 어미만 알 뿐 아비가 누구인지를 알 수가 없었기 때문에 아이의 혈통은 천상 모계로 계산할 수밖에 없었다. 그래서 이 단계의 사회를 '모계사회'라 한다.

그러나 이후 점점 남자가 주도적 지위를 차지하게 됨에 따라 자녀의 혈통은 모계를 따르던 것으로부터 부계를 따르게 되었다. 따라서 이때부터는 아비도 확인을 위해서도 여성의 정절이 반드시 요구되었으며, 점점 일부일처제가 확립되어 갔다. 부계를 따른 '성'을 氏[3][씨 씨]라 한다. 지금은 이를 합하여 '성씨'라 쓰고 있지만 본래는 이러한 역사를 담고 있는 글자들이다.

好[4][좋을 호]는 여인이 아이를 안고 있는 모습이다. 다음 세대를 이어갈 자녀를 생산했으니 좋을 일이고, 또 생산할 수 있는, 특히 다산할 수 있는 여인은 훌륭하고 좋은 여인으로 인식되었을 것이다. 이전 이 글자를 남자와 여자가 함께 있으니 어찌 좋지 않겠는가 라고 풀이한 것을 본 적이 있다. 子[아들 자]는 아이이지 남자는 아니다. 남자가 되려면 男[5][사내 남]을 써야 할 것이다. 남(男)은 밭[田]과 쟁기[力]로 구성되어 밭을 쟁기질하는 사람이라는 뜻이다.

어미 모[2]	씨 씨[3]	좋을 호[4]	사내 남[5]

제나라의 한 어머니의 자식 사랑. 높은 관(冠)을 쓰고 말을 탄 법관이 살상의 현장에 나타났다. 앞으로 살해된 사람이 누워 있고, 친자식과 비수를 든 전처의 자식이 각기 자신이 죽였다고 사죄하고 있다. 그 뒤의 인물이 이 그림의 주인공인 제나라의 한 계모이다. 서로 죽였다고 우겨대는 바람에 누가 진짜 범인인지를 가릴 수 없었다. 둘을 옥에 가둔 후 1년이 지나도, 다시 1년이 지나도 마찬가지 대답뿐이었다. 급기야 국왕에게까지 보고되었고 국왕은 친히 계모를 불러 심문했더니 어린것을 죽여 달라고 했다. 아직 어린 자식에게 정을 더 느끼는 것이 인지상정인지라, 국왕이 의아해 그 이유를 물은 즉 어린것이 전처에서 난 아들이라 하지 않는가? 계모이기 때문에 남편이 죽으면서 특별히 전처의 아들을 부탁했으며, 사사로운 정리 때문에 남편과의 약속을 저버릴 수 없다는 이유에서였다. 이에 감동한 국왕은 형제 모두를 사면했다는 이야기이다. 산동성 무씨사당 화상석.

3.02.
성씨로 알 수 있는 조상의 국적
―국적과 성씨姓氏

인류가 모계사회를 거쳐 씨족, 부족 등의 부계 사회로 이동했다는 것은 누구나 다 알고 있지만, 이러한 인류의 역사가 우리의 성씨에도 반영되어 있다는 사실을 알고 있는 사람은 많지 않은 것 같다. 가문을 나타내는 姓[성 성]은 어미[女]가 낳았다[生]는 의미로서 원래는 어미의 성을 의미했다. 이후 씨족사회로 접어들면서 아이가 아비의 성을 따르게 된 경우를 성(姓)과 구분하여 氏[씨 씨]라 불렀다. 하지만 부계 사회가 완전히 확립된 이후에도 성(姓)은 완전히 없어지지 않고 씨(氏)와 합쳐져서 성씨(姓氏)로 불리게 되었다.

중국의 성씨는 직관(職官)이나 전문 기술직(技術職)의 세습에 의해 굳어진 성씨도 있지만, 해당 씨족이나 부족이 거주했던 지역의 지명에 근거한 경우, 외지로부터 유입된 민족적 차이에 의해서 붙여진 성씨도 있다.

고을 읍[1]

지명에 근거한 예로, 鄭[나라 정]이나 郭[성곽 곽], 鄧[나라이름 등] 등과 같이 글자에 邑[1][고을 읍](= 阝)이 들어간 경우는 대부분 해당 씨족이 거주했던 지역이나 그 지역의 특성을 따서 붙여진 성씨라 볼 수 있다. 읍(邑)은 성곽[口]과 앉아 있는 사람[卩]을 그린 것으로 사람이 사는 곳이라는 의미이다.

출신 민족을 나타내는 성씨로서, 康[편안할 강]씨는 강(康)나라, 즉 사마르칸트(Samarkand) 출신의 중국 정착민을, 曹[무리 조]씨는 조(曹)나라, 즉 카부단(Kabudhan) 출신의 중국 정착민을, 安[편안할 안]씨는 안(安)나라, 즉 부크하라(Bukhara) 출신의 중국 정착민을 일컫는다. 그런 즉 이들은 모두 중앙아시아 지역에서 중국으로 이주해 온 민족들에 대해 붙여진 중국식의 성씨라 하겠다.

그리고 퉁구스족의 일파인 선비(鮮卑)족의 성씨 중, 모용(慕容)씨의 후예는 중국에 들어와 산동성 봉래(蓬萊)를 본관으로 하는 慕[사모할 모]씨와 광동성 동완(東莞)을 본관으로 하는 容[얼굴 용]씨의 둘로 나누어지게 되었는데, 이 역시 중국화 되기는 했지만 민족의 정체가 반영된 성씨다. 또한 馬[말 마]씨와 哈[마실 합]씨 등은 중국에 살고 있는 이슬람족의 대표적 성씨 중의 하나이다. 즉 이들 성씨는 중동 지역에서 건너 와 중국에 정착한 사람들의 후예라 할 수 있을 것이다.

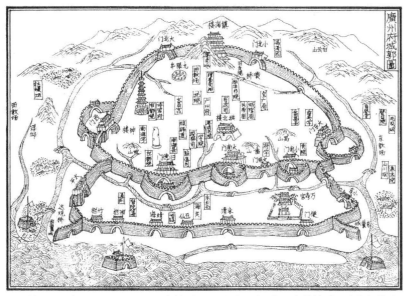

성(城)과 곽(郭). 안쪽에 있는 것[內城]을 성, 바깥쪽에 있는 것[外城]을 곽이라 한다.
청나라 때 그려진 광동성 광주부(廣州府)의 성곽도(城郭圖).

3.03.
성씨로 알 수 있는 조상의 직업
—직업과 성씨姓氏

최고의 영어 사전 중의 하나인 『웹스터 사전』의 저자 노아 웹스터(N. Webster)의 생가는 미국 코네티컷의 주도(州都)인 하드포트에 있다. 사전류에 관심이 많은 필자는 오래 전 어느 한여름 날 트웨인과 스토우 부인의 집을 거쳐 웹스터의 생가에 차도 없이 몇 번이고 길을 물어 겨우 찾아간 적이 있다.

하지만 그곳에는 사전 집필에 관련된 자료는 하나도 없고, 옛날식으로 베를 짤 수 있는 기계, 실을 잣는 기구 등, 오직 베 짜기에 관련된 자료들만 보존하고 있는 그야말로 소규모 직조 박물관이었다. 비디오로 상영해 준 웹

사관 사[1]	벼슬 윤[2]	활 궁[3]

스터의 생애나 그곳 관계자의 설명도 모두 베 짜기에 관련된 것이었다. 사전 편찬 작업의 흔적을 엿볼 수 있기를 기대했던 필자에겐 안타까운 일이었지만, 'Webster'라는 성씨가 베를 뜻하는 'Web'과 '…하는 사람'이라는 뜻의 '-ster'가 합쳐져 이루어진 이름이라는 생각이 떠 오른 것은 바로 그 순간이었다.

영어에서의 성씨도 직업에 근거해서 만들어진 경우가 있는 것처럼 중국의

성씨도 선조들의 직관(職官)이나 전문 기술직(技術職)의 세습에 의해 굳어진 경우를 자주 볼 수 있다.

예컨대 祝[빌 축]씨와 巫[무당 무]씨, 卜[점 복]씨의 경우, 원시사회 때 더없이 중요했던 제사를 주관했던 제사장이나 점을 치거나 운수를 예측했던 점복관의 직무에 대대로 종사해 온 사람들의 성씨로 굳어지게 되었다.

또 史[사관 사][1]는 장식된 붓을 손으로 쥐고 있는 모습을, 尹[벼슬 윤][2] 또한 손으로 붓을 쥐고 있는 모습을 그렸다. 그리하여 사(史)씨나 윤(尹)씨는 모두 역사의 기록을 주관하던 사관(史官)을 의미하여, 이러한 직책으로부터 굳어진 성씨들이라 하겠다.
그리고 우리들이 잘 알고 있는 사마(司馬)씨는 말을 관리하는 직책으로부터 굳어진 성씨이며, 裘[갖옷 구]씨는 가죽옷의 수급을 담당하던 직책으로부터 얻어진 성씨이며, 弓[활 궁][3]씨는 활을 제작하던 전문직으로부터 얻어진 성씨이다.

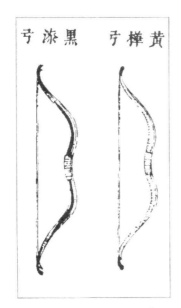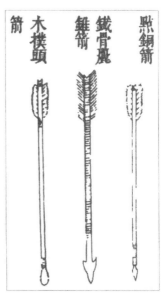

활과 화살. 『삼재도회』, 1183~84쪽.

윗부분은 끈 달린 화살을 쏘아 새를 잡는 익사(弋射)를, 아랫부분은 농작물을
수확하는 모습을 그렸다. 동한 화상석. 사천성 대읍현(大邑縣) 안인향(安仁鄉) 출토.
높이 39.6센티미터, 너비 46.6센티미터. 사천대학박물관 소장.

3.04.

사랑해서 비극적인 연인

—후예后羿와 항아嫦娥

옛날 요(堯)임금이 나라를 다스리고 있을 때였다. 하루는 열 개의 태양이 한꺼번에 떠오르는 기이한 일이 일어났다. 열 개의 태양은 당시 천제(天帝)였던 제준(帝俊)의 아내 희화(羲和)가 낳은 열 아들이었는데, 이들은 탕곡(湯谷)이라는 곳의 부상(扶桑)이라는 거대한 나무에 모여 살았다. 이들은 어머니가 매일 안배해 수레로 실어다 주는 순서를 따라 매일 하나씩 하늘로 떠올라 인간 세상을 비쳐 주고 있었던 것이다.

하지만 어느 날 이들 열 아들들은 어머니가 태워다 주는 반복적인 생활을 더 이상 견딜 수 없다는 듯 이제 다시는 그 지겨운 수레를 타지 말고 각자 마음 내키는 대로 하늘로 떠올라 보자고 결의했다. 그리하여 이튿날 아침 그들은 서로 먼저 자유의 새바람이라도 만끽하려는 듯 하늘로 떠올라 제멋대로 춤추고 노래하면서 광활한 하늘을 누비기 시작했던 것이다. 그러자 그토록 평화롭던 인간 세상은 일시에 대혼란에 빠져들었고 이를 막기 위한 갖가지 대책이 마련되었다.

당시 최고의 무당이었던 여축(女丑)을 동원해 신통력을 부려도 보았지만 별 소용이 없었다. 급기야 요(堯)임금은 제준에게 직접 기도를 드렸고, 그 지극한 정성에 감화한 제준은 활의 명수였던 후예(后羿)를 아내인 항아(嫦娥)와 함께 인류의 구원자로 지상 세계로 파견한다. 폭염에 죽어 가고 있는 인간 세상을 구하고자 후예는 자신의 활솜씨를 마음껏 자랑하면서 아홉 개의 태

임금/황
후 후[1]

양을 떨어뜨렸다. 환호하는 인간 세상 사람들에게 그는 진정한 영웅이었다. 여기에 화답이라도 하려는 듯 그는 내친김에 인간 세상 괴롭히고 있던 계유(契兪), 착치(鑿齒), 구영(九嬰), 옥반지(玉搬指), 대봉(大鳳), 파사(巴蛇), 봉희(封豨)라는 일곱 괴물까지 함께 없애 버린다.

세상 사람들의 후예에 대한 영웅 대접은 갈수록 더해 갔다. 하지만 그는 이 때문에 그만 제준의 미움을 받아 하늘로 올라 가지 못하는 처분을 받는다. 그는 제준의 아들들을 혼 줄을 낼 정도로만 해두라는 명령을 어기고 아들을 아홉이나 쏘아 죽여 버렸기 때문이었다. 인간 세상에 남게 된 후예의 생활은 그래도 나았지만, 아내 항아가 문제였다. 남편 때문에 하늘나라로 가지 못하게 된 것 때문에 언제나 원망과 함께 실의의 나날을 보내고 있었다.

남달리 아내를 사랑했던 후예는 죄책감 때문이었던지 아내를 위해 온갖 어려움을 무릅쓰고 곤륜산에 사는 서왕모(西王母)에게 가 불사약을 구해 온다. '이 약은 너희들 부부가 불로장수하기에 충분한 양일세. 하지만 만약 혼자 먹는다면 신선이 되

깃 우²

어 승천할 수도 있을 걸세!'라고 한 서왕모의 말을 항아가 알아내고서는 한밤중 몰래 혼자 먹고 하늘로 올라가 버린다. 천국으로 가기엔 남편을 버리고 혼자 도망 온 죄가 두려워 우선 달나라로 간다.

하지만 달에 도착하자마자 남편을 버려두고 온 죄가였던지, 등의 척추가 오그라들면서 배와 허리가 튀어나오고 입고 눈이 커지고 목과 어깨가 붙었으며 피부에는 동전 같은 반점이 돋기 시작했다. 발도 떨어지지 않았다. 비명을 질러 댔으나 이미 벙어리가 된 뒤였다. 절세미인이었던 항아는 탐욕에 눈이 멀어 그만 흉측한 두꺼비로 변해 버린 것이었다.

한편, 사랑하는 아내를 떠나보낸 후예는 그 용맹스럽고 기골 차던 모습을 잃어버린 채 그만 방황하다가 자신의 후계자인 봉몽(逢蒙)에게 죽임을 당하

후예가 서왕모에게서 구해 온 선약을 몰래 훔쳐 먹고 달로 올라가는 항아. 하남성
남양(南陽)에서 출토된 한나라 때의 화상석(畫像石).

는 비극적 최후를 맞는다. 중국 최고의 부부 신화인 후예와 항아의 신화는
이렇듯 더없는 슬픔으로 끝을 맺고 있다.

后[1][임금/황후 후]는 갑골문의 경우 여자[女 혹은 每]와 거꾸로 된 아이[子]의
모습을 그려 아이를 낳는다는 의미를 그렸으며, 毓[기를 육]과 같은 글자로
쓰고 있다. 특히 모계사회에서 아이를 낳아 기르는 공이란 더없이 크고 중
요한 것이었으며, 이러한 역할을 하는 우두머리를 후(后)라 존경하여 불렀다.
여기서부터 후(后)에는 임금이나 황후를 뜻하게 되었다. 이후 이 글자는 금
문 단계에 들면서, 잘 알아보긴 쉽지 않지만 왼쪽의 부분이 사람[人]의 모습
을, 오른쪽이 거꾸로 된 모습을 표현했다가 소전 단계 이후부터는 지금처럼
변했다.

羿[사람이름 예]는 羽[2][깃 우]와 두 손[廾]으로 구성된 글자이다. 우(羽)가 깃
털의 모습을 그린 것이고, 깃털은 화살의 끝부분에 고정하여 화살이 변동
없이 표적물까지 날아갈 수 있도록 하는데 쓰였던 것이고 보면 예(羿)는 두
손으로 활을 쏘고 있는 모습을 그린 셈이다. 신궁(神弓)이었던 후예의 특징

을 반영시킨 글자라 하겠다. 그리고 嫦[항아 항]은 女[여자 여]가 의미부이고 常[항상 상]이 소리부이며, 娥[예쁠 아]는 여(女)가 의미부이고 我[나 아]가 소리부로 고아하고 아름다운 여자를 부르는 말이다.

후예가 태양을 쏘다'의 신화를 그린 그림. 부상(扶桑)나무의 가지 끝에 그려진 10개의 태양을 후예가 활로 쏘고 있다. 산동성 태산(泰山)에서 출토된 한나라 때의 화상석(畫像石). 『중국화상석전집』 제3권 200쪽.

3.05.
여성 우위시대의 반전
—기棄와 여아 살해

棄[1][버릴 기]는 그림에서 볼 수 있는 바와 같이 윗부분은 피를 흘리고 있는 아이를 생동적으로 그렸고, 중간 부분은 키[箕]를 그리고 아랫부분은 두 손을 그려, 아이를 내다 버리는 모습을 형상했다.

내다 버린 아이는 산 아이일까 죽은 아이일까? 이는 남자아이 일까 아니면 여자아이일까? 옛날부터 내려오는 남자아이에 대한 선호 사상을 고려한다면 여자아이일 가능성이 높다.

많은 소수 민족들 사회에서 여아를 살해하는 풍습이 있다고 보고되고 있다. 생태학적인 입장에서 엄격히 말하자면 여성은 남성보다 훨씬 가치를 갖고 있는 존재이다. 여성은 아이를 낳

버릴 기[1]

고 양육할 뿐만 아니라 남성의 도움 없이도 생산 활동과 생존에서 기본적인 문제들을 해결할 수 있다. 마링족처럼 화전을 수단으로 살아가는 농경 부족 사회에서도 여성이 식량의 주생산자이고 부시맨과 같은 사냥 부족의 사회에서도 그들은 부족 전체 식량의 약 3분의 2를 생산한다고 마빈 해리스는 『식인과 제왕』에서 말한다.

그럼에도 여아가 살해되어야 하고 남성을 선호하는 이유는 어디에 있을까? 인류학자 마빈 해리스(Marvin Harris)는 이의 이유를 전쟁의 기능과 마찬가지로 생식 압력에 의한 인구 조절의 기능에 의한 것으로 설명하고 있다. 즉 원시시대의 인류의 조상들이 겨우 풀칠하고 연명해 가는 지경으로 생활수준이 떨어지는 것을 미리 막기 위해 그들의 인구를 규제하는 대가로 치른 것

이 전쟁이듯, 열악해 가는 주거 환경, 빈번한 전쟁 등과 같은 상황 속에서 자연 밀려오는 생식 압력을 조절하기 위해 인구의 증가에 직접적으로 관여하는 여아를 살해했다는 것이다. 즉 여자가 줄어든다면 인구의 증가는 그만큼 자동적으로 둔화되기 때문이다.

아울러 유아의 양육권을 실질적으로 갖고 있는 여성에 의해 남아가 배척되고 살해되지 않도록 하기 위해 남자아이에 대한 선호와 특별대우 사상을 창출하여 주입하게 되었던 것으로 보인다.

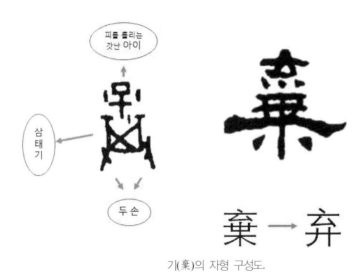

기(棄)의 자형 구성도.

3.06.
남근숭배 의식의 기원
—할아비祖와 조상숭배

상나라 때의 갑골문에 의하면 제사의 가장 중요한 대상은 태양신이나 자연신이 아니라 바로 조상신이었다. 그래서 당시에는 일 년 내내 조상을 모시는 제사가 그치지 않아 심지어 일 년을 헤아리는 단어로 祀[제사지낼 사][1]가 쓰일 정도였다. 제사가 한 바퀴 돌아오는 것을 해를 헤아리는 단어로 삼았던 것이다.

지금까지도 조상신은 동양에서 가장 중요한 숭배 대상이다. 조상을 나타내는 글자는 祖[할아비 조]인데, 示[보일/땅 귀신 시]는 제사상 혹은 그 위에 제물을 올려놓은 형상이요, 且[할아비 조/또 차][2]는 남근을 형상한 것으로 자손을 이어지게 해주는 상징물이다. 조(祖)는 처음에는 차(且)만으로 표기하였

제사지낼 사[1]

으나, 차(且)가 '또'나 '장차'라는 추상적 의미로 가차되어 쓰이게 되자, 이후 제사를 통한 숭배 의식이 강화되면서 시(示)가 더해져 오늘날의 글자로 만들어 졌다.

그래서 한자에서 시(示)가 들어가면 모두 제사나 신과 관련된 의미를 가진다. 예컨대 제단을 집 안[宀]에다 설치하면 宗[거레 종]이 되며, 종묘나 사당이라는 의미를 가진다. 제단 앞에서 꿇어앉아 주문을 외우며 기도하는 모습이 祝[빌 축]이다. 그래서 입[口]을 나타내는 부분이 크게 그려져 있다. 축(祝)은 축문을 외우다, 신에게 기원하다, 혹은 이런 제례를 행하는 사람, 즉 남자 무당(박수)의 의미를 가지게 되었다.

시(示)에다 땅의 의미를 지닌 토(土)를 더하면 땅을 지키는 신이라는 의미의 社³[땅 귀신 사]가 된다. 祭⁴[제사지낼 제]는 손으로 고기를 받쳐 들고 그것을 제단 위로 올리는 모습이다. 어떤 경우에는 피가 흐르는 모습까지도 생생하게 그려지고 있어, 막 잡은 생고기를 희생물로 사용했음을 보여 주기도 한다.

할아비 조 /또 차²	제사지낼 제³

남근 숭배 조형물. 중국 산동성 일조시(日照市)

가부장적 제도에서의 성인식

—처妻와 첩妾

妻[1][아내 처]는 꿇어앉아 있는 여자의 뒤쪽에서 머리를 다듬어 주고 있는 모습을 형상했다. 다시 말해 머리를 빗기고 비녀를 꽂아 주는 모습이다. 고대 중국의 습속에 의하면 여자는 15세가 되면 머리를 얹었다. 소위 성인식인 셈인데, 이를 거행하는 의식 또한 상당히 엄숙하고 성대했던 것 같다.

『예기』에 의하면 친지 친구들이 모인 가운데 가장(家長)인 아버지가 여식의 머리를 빗고서 비녀를 꽂아 준다고 했다. 그래서 여자 나이 15세를 '비녀를 꽂는 해'라는 뜻인 '계년(笄年)'이라 하고, 이때를 기점으로 여자는 성인의 대접을 받을 수 있었음과 동시에 다른 사람의 아내가 될 수 있었다. 이러한 것으로부터 '아내'라는 뜻이 파생되었다. 그러므로 이 글자는 아버지가 자신의 딸을 다른 남자에게 보내기 위한 의식에서 비롯된 이 글자는 갑골문 시대(기원전 13세기) 이전부터 이미 가부장제가 확립되어 있었음을 보여 주고 있다.

이에 비해 妾[2][첩 첩]은 辛[3][매울 신]과 女[여자 녀]로 구성된 글자다. 신(辛)은 묵형(墨刑)을 가하던 칼을 형상한 글사이며, '힘들다'나 '고통스럽다'는 뜻이 파생되었다. 그래서 신(辛)이 들어가는 글자는 대부분 묵형과 관련되어 있다.

예컨대, 宰[주관할/재상 재]는 집안[宀]에 신(辛)이 있는 모습으로, 묵형을 주관할 수 있는 권한이 있다는 뜻으로부터 '재상'이라는 뜻도 생겼다. 또 코에다 신(辛)으로 묵형을 가한다는 뜻으로 만들어진 글자가 辠[4][허물 죄]이다.

아내 처[1]

이는 自[스스로 자](코를 형상한 글자이나 이후 일인칭 대명사로 쓰이게 됨)와 신(辛)으로 구성된 것으로 罪[허물 죄]의 옛글자였으나, 진시황이 이 글자가 皇[임금 황]과 닮았다고 쓰지 못하게 하는 바람에 오늘날의 글자로 바뀌게 되었다.

여하튼 첩(妾)은 원래 묵형을 당한 천한 여인, 혹은 종이나 노예를 지칭하는 글자이다. 그래서 이후 처(妻)가 정실(正室) 부인을 지칭하는 뜻을 가지는 반면 妾은 측실(側室) 부인을 지칭하는 말로 쓰이게 되었다. 유교의 영향 속에서 종법제도의 강화와 함께 정실과 측실의 개념은 더욱 강화되었다 볼 수 있다. 즉 오늘날 의미의 '첩'이라는 개념은 남성 중심의 사회가 보다 견고해 지고 제도화된 이후에 생겨난 것이라 하겠다.

		*
첩 첩[2]	매울 신[3]	허물 죄[4]

3.08.
청소해 주는 여자
―부인婦과 빗자루箒

婦[1][지어미 부]는 女[여자 녀]와 帚[2][빗자루/쓸 추]로 구성된 글자이다. 여자가 비를 들고 있는 모습이다. 아주 오래 전부터 여자가 결혼을 하면 아이 양육을 담당해야 했기에, 아무래도 집안 청소 등의 가사 일은 전통적으로 여자의 몫이었던 모양이다. 그래서 이후 비를 든 모습은 청소가 주부의 일상적인 일이라는 뜻에서 '결혼한 여자'를 지칭하게 되었다. 물론 요즈음 신세대 부부상과는 제법 거리가 있기는 하지만 말이다.

지어미 부[1]

하지만 하나 주목할 것은, 상나라 때 '부(婦)'가 일반적 여성의 통칭이 아닌 '왕비' 등을 가리키는 직함으로 쓰이고 있다는 점이다. 예컨대 은(殷)나라의 수도였던 하남성 안양 은허(殷墟)에서 1976년 상나라 제23대 무정(武丁)임금의 부인인 부호(婦好)의 무덤에서 매우 높은 수준의 무려 2천여 점에 가까운 부장품들이 발견됨으로써 세상을 놀라게 하는 한편 '부(婦)'의 지위에 궁금증을 더해 준 일이 있다.

부호는 분명 무정 임금의 부인이었으며, 당시 여성의 지위라고는 믿기 어려울 정도의 막상한 권한을 갖고 있었던 것으로 갑골문은 기록하고 있다. 주요 국사에의 참여는 물론 3천 가까운 군사까지 통괄하는 등 대단한 지위를 누렸다. 그래서 문자 학자들은 여인과 빗자루로 구성된 '부(婦)'에서 표현되고 있는 것은 단순한 집안 청소가 아닌, 제사를 모시는 제단을 청소하는 것이라고 해석한다.

제단에는 여자의 출입이 엄격하게 금지된다. 제사를 그 어느 것보다 중시했던 상나라 때에는 더더욱 그러했을 것이다. 신성하기 그지없는 이런 금녀의 영역에 '청소'를 위한 것이긴 하지만 출입을 할 수 있었던 사람이라면 그 직위가 상당했을 것이다. 이런 특권을 가진 직위가 바로 '부(婦)'요, 결혼한 여자에 대한 통칭은 상당히 이후의 일이라 하겠다. 우리의 '양반'이나 '영감'이라는 말과 마찬가지로 '부(婦)'도 어쩌면 그 지위가 이후로 가면서 더없이 낮아진 글자가 아닐까 한다.

추(帚)는 물론 빗자루를 형상한 글자다. 윗부분이 빗자루 끝이고 아랫부분이 손잡이다. 어떤 글자는 빗자루 대를 묶어 놓은 형상을 하기도 했다. 이후 빗자루 대가 대나무를 주로 사용함으로 해서 竹[대 죽]이 더해져 오늘날의 箒[비/쓸 추]로 변했다. 그리고 추(帚)에 손을 나타내는 扌[손 수]가 첨가되면 청소하다는 뜻의 掃[쓸 소]가 된다.

寢³[잘 침]은 집 안[宀]에 비[帚]가 있는 모습으로, 집안을 청소하여 잠자리를 만든다는 의미이다. 하지만 이후 진나라 때의 소전(小篆)체에서는 사람을 나타내는 亻(=人)[사람 인]이 첨가되어 寑[쉴 침]으로 변했으며, 한나라 때의 예서(隸書) 이후로는 중국인들이 서구인들과 마찬가지로 침대 생활을 주로 했으므로 해서 다시 인(亻) 대신 침상을 나타내는 爿[반쪽나무 장/조각 반]이 첨가되어 오늘날과 같이 침(寢)으로 변했다.

빗자루/쓸 추²	잘 침³

부호묘(婦好墓). 갑골문 출토지이자 상나라 후기 수도였던 하남성 안양의 소둔, 왕실 구역 내에서 197년 도굴되지 않는 상태의 완전한 모습으로 발견되었다. 부호는 당시의 여전사이자 특별한 조언자로 무정임금의 특별한 사랑을 받아 왕궁 내에 묻혔던 것으로 알려졌다.

3.09.
이름이 운명을 결정하다
―이름名과 자字

청나라 동치(同治) 연간(1862~1874년) 때의 일이다. 왕국균(王國鈞)이라는 사람이 과거 시험에서 훌륭한 성적으로 합격하였으나 이의 결과를 보고 받던 자리에서 당시의 태후가 그를 망국군(亡國君)으로 잘못 알아듣고서는 그를 제일 나쁜 성적으로 내리도록 명령했고, 결과 그는 한림원에도 들어갈 수 있었던 성적임에도 불구하고 이름 때문에 지현(知顯)이라는 최말단의 관직에 임명된 일이 있었다. 이렇듯 이름이란 자고로 한 사람의 운명과도 관련될 정도로 중요한 역할을 해 왔다. 그래서 이름을 지을 때는 자못 주의를 기울여 내용이 있고 부르기 편하며 아름다운 이름을 짓고자 했던 것이다.

『예기』에 보면 '유명관자(幼名冠字)'(「단궁」상)라는 말이 있는

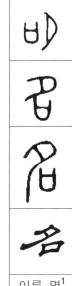

이름 명[1]

데, 이는 아이가 태어나 3개월이 되기 전이면 아이의 이름을 짓고, 나이 20이 되어 성인식[冠禮]을 올리고 나면 자(字)를 짓는다고 한 고대 중국의 관습을 요약한 말이다.

名[1][이름 명]은 저녁[夕]과 입[口]으로 구성된 글자로, 저녁에 어두워 사람이 보이지 않으면 부르던 것이란 뜻에서 '이름'이라는 의미가 생겼다. 字[2][글자자]는 집안[宀]에 아이[子]가 있는 모습으로, 집안에서 아이를 낳는다는 뜻으로 '아이를 낳다'나 '아이를 낳아 기르다가 본래 뜻이다. 여기서 子[3][아들 자]는 두 발과 머리칼이 난 아이의 모습을 그렸다. 그러나 부계사회가 확립되면서 아버지의 성씨를 이어나가는 것은 아들이요, 딸은 다른 남자의 성씨를 이어주는 수단 정도로 인식되면서 진정한 자식은 '아들'이 되었고, 그래서 자

(子)는 남자아이만을 한정해서 의미하게 되었다.

그래서 자(字)는 이후 아이를 낳아 자손을 불려 나가듯 한다는 의미에서 '파생되다'는 뜻도 가지게 되었다. 그래서 문자(文字)라고 할 때 문(文)이 한자의 가장 기초되는 글자라고 한다면, 자(字)는 이 文에 해당하는 글자들이 2개 이상 서로 합쳐져 새로이 만들어진 글자를 말한다.

*	
글자 자[2]	아들 자[3]

마찬가지로 명(名)과 자(字)라고 하면 명(名)이 원래 있던 '이름'인 반면 자(字)는 이에서 파생하여 붙여진 이름을 말한다. 그래서 성인이 되고 나서 자(字)를 지을 때는 원래 있던 이름[名]과의 관련 속에서 자를 짓는 것이 원칙이었다. 예컨대, 홍오(洪梧)의 자가 동생(桐生)인 것처럼 같은 의미의 다른 글자로 자(字)를 삼은 것도 있고, 요춘(姚椿) 의 자가 춘목(春木)인 것처럼 글자를 풀어서 자로 삼은 경우도 있다. '이름을 들으면 자를 알 수 있고, 자를 들으면 이름을 알 수 있다'는 옛말은 바로 이를 두고 한 것이리라.

관(冠). 성인 남성의 표식이자, 권력의 상징이었다.

04
부족에서 국가로

4.01.

제사에 빠질 수 없는 술, 권력

―추장酋長과 술酒

酋¹[우두머리 추]는 원래 술독 위에 점을 두세 개 찍어서 술이 익으면서 향기가 바깥으로 새어 나오는 모습을 그렸다. 그래서 이 글자는 '술'이라는 뜻과 '오래되었다'라는 두 가지 의미를 동시에 지닌다. 오늘날에도 술은 제사상에서 빠져서는 안 되는 필수 불가결한 물품이긴 하지만, 그 옛날 제정일치 사회에서 술은 그 무엇보다 중요한 아주 특별한 음식(?)이었다.

우두머리
추¹

그래서 '우두머리'를 '대추(大酋)'라 부르는데, 술을 관리하는 사람이 '추(酋)'였으며, 술을 관리하는 자가 우두머리였음을 보여준다. 신을 모시기 위한 가장 중요한 제수였던 술, 그 술을 관리하는 사람은 자연히 제사장이었을 것이다. 게다가 그 제사장은 당시 사회의 성격으로 미루어 모든 대소사까지도 주관하였을 것이며, 그는 자연히 종교 지도자는 물론 그 부족의 우두머리가 되었을 것이다. 이로부터 '추장(酋長)'이라는 말이 생겨났다.

이런 데 쓰였던 술독을 받침대나 탁자 등에 올려놓은 모습이 奠²[둘/제물 올릴 전]인데, 조상이나 신께 바치기 위한 것이라는 의미를 강조하였다. 그래서 '제전(祭奠)'은 모든 제사를 통틀어 부르는 말이기도 하다.

한편 전(奠)은 한 명 혹은 공통의 제사장 아래에서 함께 제사를 모시는 단위라는 의미를 갖게 되었고, 이 때문에 고을이나 마을을 나타내는 지명으로도 쓰였다. 이후 지명을 나타내는 경우에는 원래 의미와 구분하기 위해 邑(= 阝)[고을 읍]을 더하여 鄭³[정나라 정]으로 썼다. 이후 정(鄭)은 다시 나라 이름으로 쓰여 정나라를 지칭하게 되었다.

그러나 지금도 정(鄭)에는 아직도 읍(邑)이 더해지기 전의 원래 의미가 완전히 사라지지 않고 남아 있다. 바로 '정중(鄭重)'이라는 단어에서 그 흔적을 찾을 수 있는데, 정중(鄭重)은 신께 제사 드릴 때와 같이 마음가짐을 매우 경건하고 조심스레 한다는 뜻이다.

그리고 술독을 두 손으로 받쳐 들고 있는 모습을 형상한 것이 尊⁴[높을 존/술그릇 준]이다. 온갖 공경스런 마음으로 술독을 받쳐 들고 조상신께 바친다는 것으로부터 '높다'나 '받들다'라는 뜻이 나왔다. 또 이러한 술을 담는 용기의 명칭이라는 뜻도 갖게 되었는데, 그 때에는 '준'이라 구분해 읽었다. 이후 나무로 만든 술그릇을 목(木)을 더하여 樽[술그릇 준], 토기로 만든 술그릇은 부(缶)를 더하여 罇[술그릇 준]이라 세분하여 부르기도 했다.

둘/제물 올릴 전²	정나라 정³	높을 존/술그 릇 준⁴

또 존(尊)에 가다는 뜻의 辶(=辵)[쉬엄쉬엄 갈 착]이 더해지면 遵[따라갈 준]이 되는데, 높이 받들며 따라간다는 뜻이다. 바로 '준수(遵守)'가 그런 뜻이다. 여기서 존(尊)은 물론 독음을 나타내는 기능도 겸하고 있다.

상나라 때의 술그릇의 일종인 「소신여서준(小臣艅犀尊)」. 무소의 모양을 본떴다.
로스앤젤레스 아시아박물관 소장.

술 빚는 모습. 사천성 성도 증가포(曾家包) 한나라 무덤 출토 화상석. 『중국화상석전집』 제8권 38쪽.

4.02.

모자 쓴 임금님

—성인聖과 임금王

역사는 크게 신화시대와 역사시대의 둘로 구분할 수 있다. 어느 나라나 그러하겠지만 중국의 경우도 천지개벽의 반고 (盤古)씨, 불을 발명했다는 수인씨(燧人氏), 농사법을 발명했다는 농사의 신 신농(神農)씨, 제국을 창건하였다는 황제 유웅씨(有熊氏) 등과 같이 역사시대에 진입하기 전의 수많은 신화적 인물들이 등장하는데 이들을 통칭하여 '성인[聖]'으로 부른다. 이와 대칭하여 역사시대로 접어든 이후의 제왕들은 '왕(王)'이라 불렸다.

聖[성인 성]은 耳[귀 이]와 口[입 구]와 사람을 나타내는 壬 [천간 임]의 세 부분으로 구성된 글자다. 뛰어난 청력을 가지고서 명령을 내릴 수 있는 사람이 바로 '성인'이라는 뜻을 담았다. 수렵 단계에 속했던 시절, 예민한 청각을 소유한 사람은 '성인'으로 인식되었을 것이다. 뛰어난 청각을 가진 사람은 야수들의 출몰을 미리 알 수 있어 종족의 안위에 도움을 줄 수 있을 뿐 아니라 사냥감의 출현도 미리 예측할 수 있었기 때문이다. 그래서 뛰어난 청각을 가진 이는 다른 사람들의 존중을 받게 되었고 그 집단의 지도자가 될 수 있었던 것이다. 이후 인지가 발달하면서 신의 계시를 듣고 이를 사람들에게 전해 줄 수 있는 사람을 '성인'이라고 인식하게 되었다. 그래서 귀[耳] 이외에 입[口]이 더해지게 되었다.

王[임금 왕]을 『설문해자』에서는 "하늘[天]과 땅[地]·사람[人]을 의미하는 三 [석 삼]을 하나로 꿰뚫은 것을 왕(王)이라 한다."라고 했다. 하지만 갑골문에

성인 성[1]

의하면 왕(王)은 어떤 신분을 상징하는 모자를 형상한 것으로 보인다. 고대 사회에서도 모자를 쓴다는 것은 권위의 상징이었기에, 모자를 그려 놓고 '왕'이라는 뜻을 새겼다. 그리고 왕(王) 위에 화려한 장식물이 달린 모습이 皇³[임금 황]이다.

모자는 권력의 상징이다. 모자를 쓰고 앉아 있는 사람의 모습이 令⁴[부릴 령]이다. 모자를 쓴 사람이 명령을 내려 사람을 부렸기에 '명령(命令)'이라는 뜻이 생겼다.

임금 왕²	임금 황³	목숨 명⁴	부릴 령⁵

서안 반파(기원전 45세기 경)에서 발견된 채색 토기 상의 그림. 당시 제사장의 모습을 그린 것으로 추정된다. 그가 쓴 모자는 권위의 상징이며, 양 귀 쪽으로 그려진 물고기는 그들의 토템이었을 가능성이 크다.

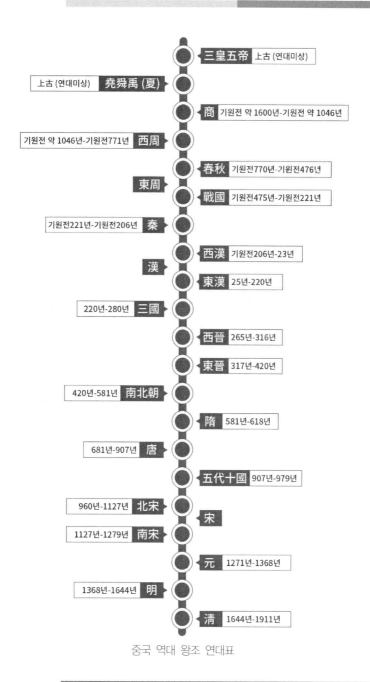

三皇五帝 上古 (연대미상)

上古 (연대미상) 堯舜禹 (夏)

商 기원전 약 1600년-기원전 약 1046년

기원전 약 1046년-기원전771년 西周

春秋 기원전770년-기원전476년

東周

戰國 기원전475년-기원전221년

기원전221년-기원전206년 秦

西漢 기원전206년-23년

漢

東漢 25년-220년

220년-280년 三國

西晉 265년-316년

東晉 317년-420년

420년-581년 南北朝

隋 581년-618년

681년-907년 唐

五代十國 907년-979년

960년-1127년 北宋

宋

1127년-1279년 南宋

元 1271년-1368년

1368년-1644년 明

清 1644년-1911년

중국 역대 왕조 연대표

命[5][목숨 명]은 영(令)에 다시 구(口)가 더해진 모습이다. 명(命)은 명령이라는 의미가 원래 뜻이었으나, 사람의 목숨은 하늘의 명령에 달린 것이라고 생각하였기에, 명(命)에 이에 '운명(運命)'이니 '천명(天命)'이니 하는 뜻이 담기게 되었고, 이로부터 '목숨'이라는 뜻까지 나오게 되었다.

삼황오제 시대의 여러 성인들. 중간 열의 맨 오른쪽부터 인류의 시조 복희와 여와, 불의 신 축융(祝融), 농사의 신 신농, 황제(黃帝), 전욱(顓頊), 제곡(帝嚳), 요(堯)임금, 순(舜)임금, 하나라의 우(禹)임금, 걸(桀)임금의 순으로 그려져 있다. 산동성 무씨사당에 새겨진 화상석. 『한대화상석전집』 제1권, 29쪽.

4.03.

정복하느냐 정복당하느냐

―국가國와 전쟁

나라 국[1]

중국은 일찍부터 성(城)을 중심으로 하여 생활했던 나라이다. 만리장성이 상징해 주듯 적의 침입을 막기 위해서 대대적인 성 쌓기가 아주 일찍부터 이루어졌다. 그래서 초기 단계의 부족은 서로 모여 성을 쌓고, 각자의 성을 중심으로 이웃한 성을 정벌함으로써 더 큰 개념의 '나라'를 만들어 나갔는데, 이것이 바로 '국가'의 형성이었다.

초기 단계에서의 거주 단위를 뜻하는 邑[고을 읍]은 성곽[口]과 앉아 있는 사람을 그려, 사람들이 거주하는 곳이라는 의미를 형상했다. 이보다 큰 개념인 國[1][나라 국]은 성의 모습을 그린 口[나라 국/에워쌀 위]과 무기를 상징하는 과(戈)가 합쳐진 형태로, 무기를 들고 성을 지키고 있는 모습으로써 '나라'라는 의미를 그렸다.

이후 여기에다 땅을 상징하는 가로획[一]이 더해져 或[혹시 혹]이 되었다. 그래서 혹(或)의 원래 뜻은 '나라'이다. 하지만 이후 혹(或)이 '혹시'라는 부사어로 쓰이게 되자 원래의 '나라'라는 뜻을 더욱 정확하게 나타내기 위해 다시 국(口)을 더하여 국(國)이 되었으니, 국(國)은 실제 성이 중복되어 그려진 셈이다. 그리고 그들이 살고 있는 '영역'이나 '지역'이라는 개념을 정확하게 하기 위해서 土[흙 토]를 더하여 域[지경 역]을 만들었는데, 토(土)를 더한 것은 중국에서의 성이 거의 대부분 흙으로 만들어졌기 때문이다.

국(國)의 형성 원리에서 볼 수 있듯이 '국가'의 형성은 무기와 직접적 관련이 있다. 여기서 무기란 정벌을 의미한다. 즉 상대를 정복하느냐 정복당하느냐가 국가 존망의 관건이었다. 이러한 모습이 반영된 한자가 圍[에워쌀 위][2]와 正[바를 정][3]이다. 위(圍)는 원래 韋[가죽/에워쌀 위]로 표기했는데, 성[口] 주위를 둘러싸고 있는 발[止]를 그려 놓음으로써 성을 지키는 모습을 형상했다. 하지만 이후 위(韋)가 '가죽'이라는 뜻으로 가차되어 쓰이자 의미를 보다 정확하게 하기 위해 다시 국(口)을 더하여 지금처럼의 위(圍)가 되었다. 衛[지킬 위] 역시 사방으로 잘 난 길을 뜻하는 行[갈 행]과 지키다는 의미의 위(韋)가 합쳐진 글자이다.

한편 정(正)은 성[口]을 향해 나아가고 있는 발[止]의 모습을 그렸는데, 다름 아닌 다른 성의 정벌을 그린 것으로 이 글자의 원래 뜻은 '정벌하다'이다. 하지만 정벌이란 정의로운 정벌이어야 한다는 뜻에서일까, 이 글자가 '바른'이

에워쌀 위[2]	바를 정[3]	굳셀 무[4]	발/그칠 지[5]	재 성[6]

라는 뜻으로 가차되어 쓰이게 되자 원래 의미를 명확하게 하기 위해 다시 彳[쉬엄쉬엄 갈 착]을 더하여 征[정벌할 정]을 만들었다.

이와 유사한 구조가 武⁴[굳셀 무]인데, 이는 창[戈]과 발[止]을 그림으로써 무기를 메고 걸어가는 위풍당당한 모습을 그렸다. 혹자는 무(武)를 창[戈], 즉 전쟁을 그치게[止] 하는 그것이 바로 '무'라고 해석하지만 이는 호전(好戰)사상이 투영된, 이후의 의미에 근거힌 해석이다. 왜냐하면 止⁵[발/그칠 지]에 '그치다'는 뜻이 생긴 것은 상당히 뒤의 일이며 처음 뜻은 '발'이기 때문이다.

그리고 城⁶[재 성]은 성곽에 세워져 있는 망루[亯]와 날이 둥근 도끼[成]가 합쳐진 모습을 그렸는데, 이후 성의 망루가 간단한 토(土)로 바뀌어 지금처럼 되었다. 소리부의 역할도 함께 하고 있는 성(成)은 날이 둥근 도끼를 뜻하는 戌[열한째 지지 술]과 소리부인 丁[넷째 천간 정]이 합쳐진 형태이다. 그렇게 본다면 성(城) 역시 무기를 들고 지키는 대상을 표현함으로써 '성'이라는 개념을 그린 것이 아니겠는가?

눈이 찔린 노예에서 국가의 주인으로

—눈目과 신하臣와 백성民

目[1][눈 목]은 눈의 형상을 그린 글자로, 눈자위와 눈동자가 사실적으로 그려져 있다. 한자에서 목(目)이 들어가면 모두 '눈'과 관련된 뜻을 가진다.

예컨대 看[볼 간]은 손[手]으로 눈[目] 가리고 보는 것을 그렸으며, 省[2][살필 성/덜 생]은 어떤 것을 살필 때 눈빛이 사방으로 퍼져 나가는 모습을 그렸으며, 相[3][서로/볼 상]은 나무[木] 위에 눈[目]이 있는 모습으로 높은 곳에서 '살피다'가 원래 뜻이다. 지금도 '관상(觀相)'이나 '수상(手相)'과 같은 단어에는 원래 뜻이 남아 있다. 그리고 睡

눈 목[1]	살필 성/덜 생[2]	서로/볼 상[3]

[잠잘 수]는 목(目)과 垂[늘어질 수]로 이루어져, 눈이 감긴다는 뜻으로 '잠자다'는 뜻이다. 물론 수(垂)는 이 글자의 독음을 표시해 주는 기능도 함께 하고 있다.

또 面[4][낯 면]은 그림에서처럼 얼굴 윤곽을 그린 후 눈 하나를 그려 넣었다. 눈을 하나만 그려 넣었지만 이것이 얼굴을 형상한 것임을 금방 알 수 있다. 그래서 '얼굴'이라는 뜻을 가지게 되었고, 이후 '겉'이나 '표면'이라는 뜻으로 의미가 확대되었다. 그리고 眉[5][눈썹 미]는 눈 위에 눈썹을 그린 모습으로, 눈썹이라는 뜻이다.

臣[6][신하 신]은 가로로 놓인 눈의 형상을 세워 놓은, 즉 목(目)을 세워 놓은 형상이다. 계급이 엄격했던 고대 중국에서 노예가 감히 얼굴을 들어 주인을 쳐다본다는 것은 불가능했을 것이다. 늘 얼굴을 숙이고 있다는 의미에서 눈의 모습을 정상적인 모습과 달리 그려 놓았다. 그래서 신(臣)의 본래 뜻은 전쟁 포로나 주로 남자 노예를 지칭하여, 비천한 사람이라는 뜻이었다. 이후 신하가 임금에 대한 겸칭으로 이를 사용하게 됨으로써 '신하'라는 뜻이 보편적으로 사용되게 되었다.

한편, 신(臣)이 집안[宀]에 들어 있는 모습이 宦[7][벼슬아치 환]이다. 갑골문의 경우, 사람을 상징하는 눈[臣]이 옥 속에 갇혀 있는 모습으로, 죄인 중에서 관리자로 뽑힌 하급 관리라는 뜻이다. 환관(宦官)이 이를 말한다.

그리고 臧[8][착할 장]은 창[戈]에 눈이 찔린 모습이다. 전쟁에서 사로잡은 포로를 반항력을 줄이되 생산력을 보존시키기 위해서 한쪽 눈을 자해하던 습관이 반영된 글자이다. 그래서 이에는 남자 노예라는 뜻이 있게 되었고, 반항력의 상실로 인해 주인에게 고분고분했을 것이니 '좋다'는 뜻을 가지게 되었다. 저 유명한 제갈공명의 「출사표」에 나오는 '척벌장부(陟罰臧否: 좋은 것은 상주고 나쁜 것은 벌하십시오)'에서의 장(臧)이 바로 이렇게 해석된다.

이와 같은 원리에 의해 만들어진 글자가 民[9][백성 민]이다. 민(民)은 갑골문에서 왼쪽 눈을 예리한 침으로 찔러 놓은 모습을 그렸으며, 당시 노예 집단을 총칭하는 단어로 쓰였다. 죄인이나 포로를 잡아 눈을 자해해 노예로 삼았던 민(民)은 이후 지위의 상승과 함께 '백성'이라는 뜻으로 쓰이게 되었다. 민(民)은 이후 그 지위가 계속적으로 상승하여 오늘날에 이르러서는 한 국가의 가장 중요한 요체로 자리 잡았다. 백성이 주인인 시대, 즉 민주(民主)시대를 우리는 살고 있다. 하지만 아직도 위정자들은 민을 주인으로 보는 것이 아닌 아주 원시적 단계처럼 그들의 종속적 존재로 보는 듯하여 가슴이 아프다.

*					
낯 면[4]	눈썹 미[5]	신하 신[6]	벼슬아치 환[7]	착할 장[8]	백성 민[9]

피를 나누어 마시며 혈맹을 다짐하다
―피血와 맹서盟誓

맹세 맹[1]

1965년 전국시대 진(晉)나라 유적지인 중국 산서성의 후마(侯馬)라는 곳에서 5천 여 편의 옥(玉)돌이 발견됨으로써 사람들을 흥분시킨 바 있다. 그것은 평범한 옥돌이 아니라 옥돌을 종이처럼 얇게 깎아서 그 위에 붉은 색으로 선명하게 글자를 새겨 놓은 진나라 유물이었다. 판독한 결과 이 글은 당시 진(晉)나라 대부였던 조앙(趙鞅)을 중심으로 그들 동족 간의 맹약(盟約)을 다짐하고, 이를 어길 경우에는 어떠한 제재라도 감수하겠다고 언명한 것이었다. 이렇게 맹약의 내용을 적은 글을 맹서(盟書) 혹은 재서(載書)라고 한다.

『주례』에 의하면 나라 간에 불협화음이 생기면 각 제후들이 일정한 장소에 모여 맹약을 했다 한다. 먼저 제후들이 모여서 합의를 도출한 다음 그것을 천지신명 앞에 서약하고, 이를 지킨다는 의미에서 동물의 피를 서로 나누어 마시며, 남은 피로 그 내용을 옥에 기록하여 땅에 묻는다고 했다. 맹약을 위배하는 자는 공동의 적으로 간주하여 처벌할 것과 합의된 내용을 부본(副本)으로 남겨 두었다. 이러한 고대의 관습이 2500년이 지난 오늘날 발굴된 것이다.

약속 이행을 위한 맹세 행위를 맹서(盟誓)라고 하지만, 盟[1][맹세 맹]과 誓[맹세 서]는 원래 다른 개념이었다. 즉 서(誓)가 말로 하는 서약을 의미하는 반면 맹(盟)은 동물의 피를 나누어 마시는 행위를 말한다. 사실, 맹(盟)의 경우 지금은 皿[그릇 명]이 의미부이고 明[밝을 명]이 소리부인 형성 구조이지만, 원래는 갑골문이나 금문에서 보이는 것과 같이 그릇 가득 피가 담긴 모습을 그린 회의 구조였다. 즉 이는 변함 없는 약속의 이행을 위해 준비한 맹서에 쓰일 동물의 피다. 여기에는 주로 소나 말이 희생(犧牲)으로 사용되었다.

血²[피 혈]은 그릇 속에 작은 원이 그려져 있는 모습을 그렸는데, 작은 원은 피를 형상했다. 그릇 속에 담긴 피는 회맹(會盟) 때 맹서를 약속하며 마시기 위한 것을 말하는 것으로, 앞의 맹(盟)과 같은 선상에서 이해되어질 수 있을 것이다.

피 혈²

산서성 후마(侯馬)에서 출토된 전국시대 때의 맹서. 춘추시대 말기 진(晉)나라 정공(定公) 15년~23년(기원전 497~기원전 489년) 사이에 진나라의 조앙(趙鞅)과 경대부들 간에 맺은 약속을 기록한 서약문이다. 1965년 산서성 후마시 춘추시대 진(晉)나라 유적지에서 발견된 것으로 옥과 돌에다 붓으로 쓴 글이며, 날린 전서체[草篆]로 되어 있다. 총 1천여 점이나 되며 변별가능한 문자만 해도 6백여 자에 이른다.

4.06.
반드시 지켜져야 할 합금의 비율
—법法과 원칙原則

예로부터 법은 공평하게 적용될 때에만 법으로서의 존재 가치가 있다. 한자의 法[법 법]자는 水[물 수]와 去[갈 거]가 합해 만들어진 글자로, 법의 수행이란 모름지기 물이 흘러가는 것처럼 해야 한다는 뜻을 담고 있다. 물은 언제나 높은 곳에서 낮은 곳으로 흐르지 낮은 곳에서 높은 곳으로 역류하는 법은 없다. 물처럼 이렇게 공평하기란 그렇게 쉽지 않았던 것일까? 그래서 『노자』에서도 언제나 남을 이롭게 하면서도 조금의 뽐도 내지 않고 언제나 낮은 곳으로 흐르는 '물'을 두고서 최상의 선이요 도(道)에 가깝다 극찬했던 것일까?

그러므로 법(法)이라는 글자에는 모름지기 언제나 공평하고 또한 일정해야 한다는 뜻이 담겨 있다. 법(法)자는 진(秦)나라

법 법[1]

소전까지만 해도 지금의 형체에 廌[해태 치]가 덧붙여져 있었다. 해태는 올바르지 않은 것을 만나면 그 무서운 뿔로 받아 죽여 버린다고 전해지는 상상의 동물이다. 중국인들이 생각했던 법이란 바로 바르지 않는 사람을 떠받아 죽여 버리는 해태나 항상 낮은 곳으로 임하는 물처럼 언제나 정의롭고 누구에게나 공평하게 집행되어야 한다는 것이다.

則[법 칙]은 지금은 貝[조개 패]와 刀[칼 도]로 이루어져 있지만, 원래는 鼎[솥 정]과 도(刀)로 이루어진 글자였다. 소전(小篆)단계에 들면서 정(鼎)이 패(貝)로 간단하게 변해 지금처럼 되었다. 정(鼎)은 중국에서 가장 대표적인 청동 기물이다. 청동기를 주조할 때 서양에서는 실랍(失蠟, lost-wax)법을 사용하지만 중국에서는 그와는 달리 거푸집에다 청동 녹인 물을 부어 주조했다.

칙(則)에는 주조에 의한 솥이 굳고 나서 거푸집을 묶었던 줄을 칼[刀]로 자르고 있는 모습이 담겨져 있다.

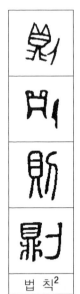

법 칙²

청동은 용해 점을 낮추고 강도를 높이기 위해 순수한 동[紅銅]에다 주석과 아연, 납 등을 일정 비율로 섞어 만든 것이다. 이렇게 합금을 할 때에는 반드시 일정한 비율을 지켜야만 훌륭한 청동 물을 얻을 수 있다. 즉 사회를 탄탄하게 유지하기 위해서는 다양한 인간 활동을 자유롭게 허용하면서도 합리적으로 규제해야 한다는 의미가 담겨 있는 것이다. 질 좋은 청동을 얻기 위해서는 합금 비율을 반드시 지켜야 하는 것처럼 훌륭한 사회 질서를 유지하기 위한 합리적 규제에는 언제나 변함없는 일정한 규칙이 있어야만 한다. 이러한 원리로부터 칙(則)에는 일정한 '법칙'이라는 뜻이 생겨났다 할 수 있다.

법치주의를 표방하는 사회에 살고 있으면서도 일관된 법 적용과 원칙의 중요성이 더욱 강조되고 있는 지금, 우리는 법(法)과 칙(則)이 합해 만들어 낸 '법칙'의 의미를 다시 한 번 가슴에 제대로 새겨야 할 것이다.

옳지 않은 것을 뿔로 받아 버린다는 정의의 동물 해태(解廌). 달리 법수(法獸)라 불리기도 한다. 하남성 남양에서 출토된 화상석. 『중국화상석전집』 제6권 172쪽.

4.07.
강고한 국가와 함께 발전한 형벌
—형刑과 벌罰

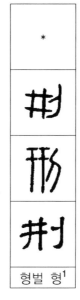

형벌 형[1]

주나라 때에는 봉건제도가 확립되던 시기로 주왕실의 권위를 세우기 위해 수많은 법률을 엄격하게 제도화한 흔적이 여러 기록에 풍부하게 전한다. 서주 후기의 「훈이(訓匜)」라는 청동기 명문에는 한 목동의 죄를 선고하면서 그가 어떤 서약을 위반한 죄로 채찍 1000대와 얼굴에 죄인이라 문신을 새기는 묵형(墨刑)에 처해야 마땅하나 채찍 500대와 묵형 대신 300원의 벌금형으로 감형한다는 내용이 기록되어 있다. 이렇듯 당시에는 남을 해치거나 물건을 훔친 것에 대한 제재는 물론이거니와 개인 간의 약속의 불이행에도 엄격한 '형벌(刑罰)'이 뒤따랐다.

'형벌'은 오늘날 법치국가를 지향하는 우리 사회에서 매우 즐겨 사용하는 단어이지만, 원래는 '형(刑)'과 '벌(罰)'은 서로 다른 개념이었다. 刑[형벌 형]은 원래 사람이 옥에 갇혀 있는 모습을 형상했다. 하지만 이후 금문 단계에 이르러 사람[人]이 감옥[井]의 바깥으로 나오게 되었고, 옥 바깥으로 나온 사람[人]이 다시 칼[刀(= 刂)]로 잘못 변해 지금처럼 되었다.

罰[빌힐 빌]은 詈[꾸짖을 리]와 刀[칼 도]로 구성된 글자이다. 여기서 詈는 질책한다는 뜻이고, 刀는 화폐를 뜻한다. 청동으로 만든 둥근 모양의 돈[銅錢]이 나오기 전 옛날에는 조개 화폐도 있었고, 이를 이어 칼 모양으로 만든 돈[도전(刀錢) 혹은 도폐(刀幣)]도 있었다. 벌(罰)자를 구성하고 있는 도(刀)는 바로 이 칼 모양으로 된 돈을 지칭하는 것이다.

그래서 옛날에는 형(刑)이라 하면 체형을 말했으며, 벌(罰)이라 하면 벌금형을 말했다. 그래서 『상서』에도 '범행의 죄상이 확인되지 않으면 다섯 가지의 형벌에 처할 수 없고 단지 벌금형에만 처하게 했다'는 기록이 이를 증명해 준다. 여기서 말하는 다섯 가지 형벌이란 위에서 들었던 묵형(墨刑)과 코를 베는 의형(劓刑), 발을 자르는 비형(剕刑)[달리 월형(刖刑)이라고도 함], 성기를 자르는 궁형(宮刑), 그리고 사형인 대벽(大辟)을 말한다. 체형을 가함에 무척 신중했던 고대인들의 지혜를 엿볼 수 있는 대목이다.

벌할 벌²

주나라 문왕이 상나라 말기 상왕에 의해 감금되어 『주역』을 편찬했다고 전해지는 유리성(羑里城). 중국 최초의 감옥으로 알려졌으며, 하남성 탕음에 있다.

4.08.
사마천의 치욕
-궁형(宮刑)과 다섯 가지 형벌

『상서』에 의하면 주(周)대의 5대 형벌로는 얼굴에다 죄인이라 먹물을 들이는 자묵(刺墨), 코를 자르는 할비(割鼻), 다리를 자르는 단각(斷脚), 성기를 자르는 거세(去勢), 그리고 사형이 있었다.

이 중 가장 경미한 형벌인 묵형이 반영된 글자가 黑[1][검을 흑]인데, 이는 얼굴에 문신을 들인 모습이다. 코를 잘라 버리는 형벌에 해당하는 글자는 劓[2][코 벨 의]인데, 이는 鼻[코 비]와 刂(=刀)[칼

검을 흑[1]	코 벨 의[2]	발꿈치 벨 월[3]	현 현[4]

도]로 구성되어 있다. 또 다리를 잘라 버리는 형벌에 해당하는 글자는 刖[3][발꿈치 벨 월]이며, 이는 月[고기 육, 肉의 변형]과 도(刂)로 구성되어 있다. 갑골문에 의하면 이는 손으로 톱으로 다리를 사르는 모습을 형상했으며, 한쪽 다리를 짧게 그림으로써 매우 사실적으로 표현하고 있다.

환관들처럼 고환을 제거하는 것이 아니라 생식기 전체를 송두리째 잘라 내어버리는 가공스런 형벌을 달리 궁형(宮刑)이라고도 한다. 이것은 고대 중국인들에게 사형 이상의 치욕스런 형벌이었다. 궁형을 당한 자는 자손의 대를

있지 못할 뿐만 아니라 수염이나 목소리 등의 모든 남성적 특성의 상실을 의미하기 때문이다. 저 유명한 사마천이 바로 궁형을 당한 후 구차한 목숨을 연명해 가며 불후의 명작 『사기』를 완성했지 않았던가? 지금은 없어져 버린 글자이긴 하지만 그림(4)에서처럼 갑골문에는 이러한 형벌을 반영한 글자가 그대로 남아 있는데, 남성 생식기를 뜻하는 且(이후 祖로 변함)와 도(刂)로 조합된 글자이다.

縣[4][현 현]은 사람의 머리를 끈으로 묶어 나무 위에다 걸어 놓은 형상이다. 소위 효수(梟首)라는 것인데, 사람이 많이 다니는 성문이나 저자 거리에다 효수하여 사람들의 경계로 삼았다. 그러나 이후 현(縣)이 행정 단위를 나타내게 되자, 원래 뜻을 나타낼 때에는 心[마음 심]을 더하여 지금의 懸[매달 현]으로 변화했다.

사마천상(司馬遷像). 『삼재도회』 607쪽.

갑골문에 새겨진 '궁형'에 관한 글자. 칼로 생식기를
도려내는 모습을 적나라하게 그렸다.

05
생명의 순환

5.01.
사슴가죽으로 인연의 끈을 맺다
—결혼과 혼인婚姻

취할 취[1]

많은 다른 민족들이 그러하지만 고대 중국의 경우도 혼인의 최초 형식은 납치에 의했던 것으로 보인다. 지금은 '결혼'에 해당하는 어휘로 '아내를 취한다'라는 뜻의 '娶[장가들 취]'가 있다.

이는 取[1][취할 취]와 女[여자 녀]로 구성되어 있는데, 취(取)는 다시 귀[耳]를 손[又]으로 가진다는 뜻이다. 옛날 전쟁을 하면 적의 귀를 잘라 와 전공을 세우던 모습이 반영된 글자이다. 전쟁에서 이기면 여자들은 사로 잡아와 노예로 삼던가 아니면 첩으로 삼았다. 그래서 '취(娶)'란 이처럼 남의 여자를 억지로 빼앗아 아내로 삼던 습속이 반영된 글자다.

중국 서남쪽 운남성에 거주하는 리수족의 경우 지금도 이러한 '탈취혼(奪取婚)'이 반영된 결혼 습속이 남아 있다. 그들은 부모의 동의하에 남자가 결혼할 상대 처녀를 훔쳐 높은 산 숲 속에다 숨겨 놓는다. 만약 여자 집에서 삼일 내에 찾지 못하면 이 결혼은 성사되지만 찾아 낼 경우에는 남편 될 사람이 능력이 없다고 판정되어 결혼을 할 수 없음은 물론 손해 배상까지 해야 한다. 이러한 풍속은 분명 탈취혼이 잔영이라 볼 수 있다.

또 '혼인(婚姻)'이라는 말이 있는데, 처음에는 신부 집을 지칭하는 것이 婚[혼인할 혼]이고 신랑 집을 지칭하는 것이 姻[시집갈 인]이었다. 고대 중국에서는 결혼이 혼시(昏時), 즉 날이 어두워지고 나서 이루어졌기에 이러한 행위를 昏[날 저물 혼]이라고 했다. 그러다 날이 어두워지고 나서 신랑을 맞아들이는 행위가 여자 집에서 이루어졌음으로 해서 여(女)가 더해서 혼(婚)이 되었다. 인(姻)이란 남자 집을 말하는데 이는 여자[女]가 기인[囙]하는 집이라는 뜻에서 만들어진 글자다. 그래서 사돈 간에 신부 댁 부모를 지칭할 때에는 '혼(婚)'이라 하였으며 신랑 댁 부모를 지칭할 때에는 '인(姻)'이라 했다. 지금은 둘이 합쳐져 '결혼'이라는 의미로만 쓰인다.

결혼은 예나 지금이나 인생의 중대사로 여겨졌기에 엄격한 절차와 의식을 거쳐 행해진다. 오늘날 우리 사회에서 이루어지고 있는 '혼례' 절차는 주나라 때의 예의범절을 기록한 것이라 전해지는 『의례(儀禮)』에서 그 대체적 기초가 만들어진 것이다. 『의례』의 '혼례'에 관한 기록에서는 결혼의 절차를 대략 여섯 단계로 나누고 있다. 제일 처음 총각이 결혼 적령기에 이르면 중매쟁이를 통해 결혼 대상자가 있는 집에 청혼 의사를 전달하게 되는데, 이를 '납채(納采)'라 한다. 이 때 중매쟁이는 기러기를 갖고 가는데, 기러기는 철새로서 '음지와 양지를 왕래하는' 새로 남자와 여자 사이를 이어주는 상징으로 인식했기 때문이다.

혼담의 제의를 여자 쪽에서 승낙하면 중매쟁이는 색시 될 사람의 어머니 이름을 묻는데 이 절차를 '문명(問名)'이라 한다. 색시 될 사람의 이름을 묻는 것이 아닌 그 어머니의 이름을 묻는 것은, 당시 일부일처제가 확립되기 전이어서 한 아버지 밑에 배다른 형제들이 많았기 때문일 것이다. 때로는 이 대신 색시 될 사람의 생년월일을 묻기도 하는데 이는 새로 만들어질 부부 간의 궁합을 점쳐 보기 위함이었으리라.

여자 측으로부터 '문명'에 대한 답이 오면 조상신에게 보고하고 가족회의를 거친 뒤 혼담을 확정지어 여자 측에 전달하게 되는데, 이 과정을 '납길(納吉)'이라 한다. 이때부터 양가의 혼담은 진정으로 확정된 것이라 할 수 있다. 혼담이 확정된 이상 남자 측에서는 여자 측에 예에 맞는 물품을 갖추어 보내야 하는데, 주로 사슴의 가죽을 비롯해 검정색과 붉은 색의 비단을 보낸다. 이 과정을 '납징(納徵)'이라 한다. 사슴의 가죽을 필수품으로 정한 데는 역사적 연원이 있다.

중국의 신화에서 최초의 부부는 복희와 여와이다. 천지가 창조되고 아무도 없는 세상에서 이들 부부가 결합하여 인류를 번식시켜 나갔다고 하는데, 이들 부부는 처음 남매간이었다. 남매간은 복부와 흉부가 서로 접촉되어서는 아니 된다는 금기 때문에 부부 관계를 가질 수가 없었다. 고민 끝에 한번은 오빠가 사슴 가죽을 말려 구멍을 뚫어서는 이를 사이에 두고 교접하여 번식의 목적을 이룰 수 있었다는 중국의 어느 소수 민족 탄생 설화가 있다. 이러한 신화가 반영된 것이 '사슴 가죽'이며, 남매간의 부부 행위에 내한 수지심을 가리기 위한 방편의 하나였으며, 이의 상징물이 바로 '사슴 가죽'이라 할 수 있다.

어쨌든 이 절차가 끝나면 남자 측에서 결혼 날짜를 정하여 전달하는데 이를 '청기(請期)'라 하며, 이 과정을 거쳐 결혼식 당일 신랑이 신부 집으로 가 신부를 맞이해 오는 '친영(親迎)'이 이루어지면 공식적인 결혼식 행사는 끝맺게 된다.

다소 번거로운 절차일지는 모르겠지만 이것은 형식적 예를 통해 결혼의 신성함을 강조하려 했던 것으로, 그 진정한 의미가 '절차'에 있었던 것은 분명 아닐 것이다. 오늘날 채 몇 분도 걸리지 않는 결혼식, 내용은 거의 없고 형식만 남은 우리들의 결혼식을 다시 한 번 되새겨 볼 때이다.

'납징'.
납폐(納幣)라고도 하는데, 신랑 집에서 신부 집으로 서신과 폐물을 보내는 의식을 말한다.
청사초롱을 밝히고 신부의 집을 찾아가는 함진아비 모습도 보인다.(인제대학교
김학수기념박물관)

5.02.

여자보다 강한 어머니
─아비父와 어미母

父[아비 부]와 母[어미 모]는 원래 아비와 어미의 가장 중요한 기능에 근거해 만든 글자이다. 부(父)는 생계를 책임지는 아비의 모습이 강조되어, 원시시대 때 가장 중요한 연장의 하나인 돌도끼를 손으로 들고 있는 모습을 형상했다. 이후 이 글자는 사회적 통념에 어긋나지 않게 살아가는 대다수의 일반 남자를 지칭하는 개념으로 의미가 확대된다. 하지만 이 경우, 부(父)와 구분하기 위하여 '보'라 읽고 이와 음이 같은 甫[씨 보]를 대신 사용하기도 한다.

이밖에 斧[도끼 부]는 자귀(나무를 깎아 다듬는 연장의 하나)를 형상한 글자인 斤[도끼 근]을 합쳐 만든 글자이며, 釜[가마솥 부]는 원래 부(父)가 소리부이고 金[쇠 금]이 의미부인 형성자였으나 시간이 지나면서 간략화 과정을 거쳐 지금의 부(釜)로 변했다.

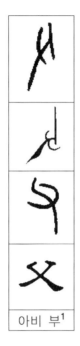

아비 부[1]

모(母)는 앉아 있는 여성의 모습을 형상한 女[여자 녀]에다 두 점을 첨가하여 만든 글자이다. 두 점은 유방을 상징화한 것으로 여성의 자녀 양육이라는 중요한 임무를 강조하여 만든 글자이다. 이들은 실제 같은 모습에서 분화된 글자로 옛날에는 여(女)와 모(母)가 서로 같이 통용되기도 했다.

하지만 여(女)가 여성에 대한 통칭으로 사용된 반면, 모(母)는 존칭으로 사용되었던 것 같다. 즉 제사의 대상에서는 반드시 모(母)를 사용하는 등, 모(母)는 지모가 있고 가르침을 잘 펴는 사람으로 인식된 듯하다.

예컨대, 誨[가르칠 회]는 어머니[每=母]의 말씀[言]이라는 뜻이다. 물론 每³[매양 매]는 머리에 비녀 혹은 그와 유사한 장식을 꽂은 모습을 형상한 것으로, 모(母)와 같은 뜻을 가진다. 또 謀[꾀할 모]는 옛글자에서는 '무(畮)'라 표기하기도 했는데, 이 역시 어머니[母]의 말씀[口]이라는 뜻이다. 이 글자는 이후 오른쪽의 모(母)가 발음이 같은 某[아무 모]로, 왼쪽의 口[입 구]가 같은 의미를 지닌 言[말씀 언]으로 대체되어 지금처럼 변했다. 이는 아득한 옛날부터 자녀 교육에 있어 어머니의 중요성, 여자 혹은 여성과 구분되는 어머니의 지혜와 그 역할이 반영된 글자들이라 하겠다.

도끼 근²	매양 매³

5.03.

생명에 빛을 더하는 가르침

—탄생에서 교육教育까지

모든 생명은 태어나고 죽기를 거듭한다. 사람도 마찬가지이다. 인간의 한 평생은 어떻게 이루어질까? 새 생명이 탄생하고 말과 글을 배우며 성장하여 결혼을 하고 아이를 낳고 늙으면 병들고 죽어 다시 자연으로 돌아간다. 다른 생명과 별 다를 것이 없다. 이러한 과정들을 한자는 어떻게 그려내고 표현했을까?

먼저, 새 생명의 잉태와 탄생, 그리고 성장 과정에서의 교육을 옛 중국인들은 어떻게 문자화시켰는지를 살펴보기로 하자.

먼저 새 생명을 가졌다는 의미를 나타내는 한자로는 孕[1][애 밸 잉]과 包[2][쌀 포], 身[3][몸 신]이 있다. 이들은 모두 뱃속에 아이가 들어 있는 모습을 그린 글자이지만 그 정도에 있어서는 다소 차이를 보이고 있다. 즉 포(包)는 '아직 형체를 이루지 못한 아이의 모습을 본 뜬 글자'(『설문해자』)인 반면, 잉(孕)은 태아의 형체가 완전히 이루어진 뒤의 임신 모습이고, 신(身)은 배가 한껏 불러진 여성의 측면 모습을 그려 출산 직전의 상태를 나타내었다.

몸 신[3]

태아를 둘러싸고 있는 모습으로부터 포(包)에는 '싸다'는 뜻이 생겼고, 이 뜻이 보편적으로 쓰이게 되자 '임신하다'는 뜻을 표시할 때에는 여기에다 다시 肉(月)[고기 육]을 더하여 胞[태의 포]를 만들었다. 그리고 신(身)은 원래 '임신하다'는 뜻이 기본 의미이지만 이후 '몸'이라는 뜻으로 의미가 확대되었다.

임신해 달이 차 아이를 낳는 장면을 매우 사실적으로 그린 글자들이 冥[4][어

두울 명]과 毓[5][기를 육]과
育[기를 육]이다. 명(冥)은
원래 두 손으로 자궁을 벌
리고 아이를 받아 내는 모
습이며, 이는 주로 어두운
방에서 이루어졌으므로 이
후 '어둡다'는 의미가 생기
게 되어 원래의 '출산하다'
는 의미보다는 주로 '어둡
다'는 뜻으로 쓰이게 되었
다.

한편, 육(毓)은 여성 몸체
의 아랫부분에서 아이가
머리부터 나오고 있는 모
습을 그렸으며, 어떤 경우
에는 양수나 피의 흐름을

애 밸 잉[1]	쌀 포[2]	어두울 명[4]	기를 육[5]

점으로 표시한 경우도 보인다. 하지만 이 글자는 이후 '낳다'는 의미뿐만 아
니라 '기르다'는 뜻까지 의미가 확대되었다. 이 모습이 줄어 육(育)이 되었다.

다음으로 아이를 낳아 키우는 모습을 그려 놓은 글자로, 乳[6][젖먹일 유]는 어
미가 아이를 안고서 젖을 먹이고 있는 모습이요, 保[7][기를/도울 보]는 아이를
등에다 엎고 있는 모습이다. 특히 보(保)는 '보호하다'는 뜻도 있는데, 이 추
상적 개념을 고대 중국인들은 어미가 자식을 보살피는 장면으로 그려내었다.
자식에 대한 어미의 보호 본능만큼 더한 것이 있을까? 그들의 뛰어난 통찰
력이 돋보이는 글자이다. 그리고 養[기를 양]은 소리부인 羊[양 양]과 의미부
인 食[먹을 식/먹일 사]이 함께 합쳐진 구조로, '먹여' 키운다는 뜻이다.

保鼎

保父丁簠

錄 659 周早

緫 5832

保鼎

成 1002 殷

금문에 표현된 다양한 보(保)자들. 아이를 등에 업은 모습에서 '보호히다', '기우다' 등의 뜻을 그렸다.

아이를 키우는 작업은 여기서 끝나지 않는다. 일정 나이가 되면 인간의 경험을 전수하기 위해 교육이 필요하다. 그래서 學[8][배울 학]은 집 안[宀]에서 아이에게 매듭짓는 법을 가르치는 모습이고, 매듭짓는 법은 달리 결승(結繩)이라고 하는데 이는 문자가 생겨나기 전 기억의 보조 수단으로 삼던 주요 방법 중의 하나이다. 인간 사회의 의사소통을 위해 지금은 말 이외 제일 먼저 문자를 가르치지만 문자가 없던 시절에는 결승법을 가르쳤던 것이다. 어떤 경우에는 學을 달리 敩[가르칠 학/효]라고도 쓰는데, 이는 원 글자에 매를 들고 있는 모습이 추가된 형태이다.

그리고 敎[9][가르칠 교] 역시 매를 들고 아이에게 매듭짓는 법을 가르치는 모습이다. 제대로 된 교육을 위해서는 예로부터 매가 필요했다는 것을 보여주고 있는 글자이다. 교학(敎學)에 있어서의 매가 논란거리가 되고 있는 요즈음, 문제는 매의 사용이 아니라 매의 오용에 있음을 다시 한 번 되짚어 보게 해주는 글자이다.

> 배워 보고서야 부족함을 알고, 가르쳐 보고서야 어려움을 알게 된다. 부족함을 알고서야 스스로를 빈성할 수 있으며, 어려움을 알고서야 스스로 강해질 수 있다. 그래서 가르침과 배움은 다 같이 자신을 자라나게 한다. (『예기·학기(學記)』)

그 유명한 '교학상장(敎學相長)'이라는 고사(故事)다. 교(敎)와 학(學)은 글자 창제의 원칙을 볼 때도 분명 같은 원리에 근거해 만들어진 글자들이다. 즉

'배움'과 '가르침'을 같은 것으로 인식한 것이다. 그들은 이미 후세의 배움과 가르침의 유명한 격언인 '교학상장'의 진체를 일찍부터 간파했던 것일까?

*			
젖먹일 유[6]	기를/도울 보[7]	배울 학[8]	가르칠 교[9]

증모투기(曾母投機). '증삼의 어머니가 베틀에서 내려오다'. 공자의 뛰어난 제자이자 겸허하고 품덕이 높기로 이름난 증삼의 어머니가 아들의 인품을 믿었다. 하지만 여러 사람이 계속해서 증삼이 사람을 죽였다고 거짓말을 하는 바람에 그만 놀라 북틀을 던져 버리고 베 짜기를 그만두는 모습을 그렸다. 산동성 무씨사당 화상석.

'박사의 강학(講學)'. 분서갱유를 경험한 한나라는 대제국의 건설과 함께 이를 경영할 이데올로기를 확립하는 과정에서, 유가 학설을 채택하고 전문 교육기관인 태학에다 박사관을 설치하게 된다. 한나라 문제 때에 『시경』과 『상서』, 『춘추』 등 세 분야의 박사관이 설치되었고, 한나라 무제 때에는 동중서(기원전 179~기원전 104)의 주도하에 여기에다 『역경』과 『예기』를 보태어 오경박사를 설치함으로써 명실상부한 최고의 교육을 담당했다. 사천성 성도 동향에서 출토된 화상전.

5.04.

어린 남자노예에서 어린이로

─영아嬰兒와 아동兒童

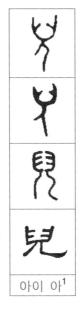

아이 아¹

우리나라의 어린이날은 5월 5일이다. 피어나는 봄의 아름다움만큼이나 씩씩하고 해맑은 어린이들을 기념하는 이날을 중국에서는 '아동절(兒童節)'이라 부른다. 그리고 기념일은 세계 어린이날인 6월 1일로 정하고 있다. 인구 정책 때문에 한 부부가 하나 이상의 아기를 낳지 못하도록 법으로 규정한 중국에서는 아이가 이미 어른들의 '왕'이 된지 오래지만, 어린이날은 그래도 어린이들의 특별한 몫이 되고 있다.

아이를 나타내는 한자에는 兒¹[아이 아]와 嬰²[아이 영], 童³[아이 동] 등이 있는데, 우리말로는 모두 '아이'로 밖에 번역되지 못한다. 하지만 의미를 세분하자면 아(兒)는 이 셋 중 가장 어린아이를, 영(嬰)은 그보다는 조금 자란 아이를, 동(童)은 좀 더 큰 어린이를 말한다.

먼저, 아(兒)는 두개골이 아직 완전히 닫히지 않고 열려 있는 아기의 모습을 형상했으며, 영(嬰)은 조개껍질을 꿰어 목에 걸고 있는 모습을 형상했다. 조개껍질 따위를 목에 걸어 가슴께로 늘어뜨리는 것은 아름다움을 표시하는 최초의 장식물로서, 애초부터 여성적 의미를 띠고 있었던 깃은 아니있으나, 시간이 지나면서 주로 목걸이 같은 장식이 여성적인 것으로 인식되면서 영(嬰)은 특히 여아를 지칭하는 글자로 만들어졌고, 따라서 아(兒)의 경우는 그 대상이 주로 남자가 된 것으로 보인다.

농(童)의 구조는 조금 복잡한데, 가장 완전한 형태에 의하면 문신 새기는 칼을 형상한 후[매울 신]과 눈을 형상한 目[눈 목], 발음을 나타내는 東[동녘 동], 흙을 나타내는 土[흙 토]로 구성되어 있다. 토(土)는 종종 생략되며, 문신 새기는 칼로 눈을 자해한 모습을 형상했다. 옛날, 죄인이나 전쟁에서 사로잡은 포로들 중 남자를 노예로 삼을 경우에는 반항력을 없애기 위해 한쪽 눈을 자해하던 습관이 있었다. 이 때, 사로잡히는 포로는 완전한 성인의 경우보다는 아직 어린 티를 벗지 못한 소년들이 많았을 것임에 틀림없다. 그러므로 童의 원래 의미는 어린 남자 노예나 종을 말한다. 그래서 중국 최고의 자형 해설서인 『설문해자』에서도 '남자가 죄를 지으면 노예가 되는데, 이를 童이라 하고, 여자인 경우에는 妾[첩 첩]이라 한다'라고 했지 않던가?

이렇게 볼 때 아동(兒童)이란 한자어의 동(童)은 우리가 지금 갖고 있는 어린이에 대한 감정만큼 그렇게 낭만적이지는 못한 글자로 보인다.

*	
아이 영²	아이 동³

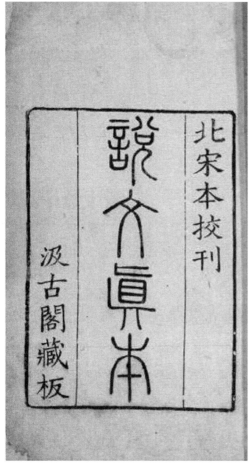

『설문해자』. 100년에 완성된 중국 최초의 자전인 『설문해자』는 당시 유행하고 있던 예서에 근거한 글자 해석법을 바로잡고 궁극적으로는 고문경전학자들의 지위를 높이기 위해 저술되었다. 소전체를 표제자로 삼고, 고문이나 주문(籀文), 혹체(或體), 속체를 함께 수록하고 있다. 최초로 부수라는 개념을 창안해 540부수에 의해 9,353자의 수록자를 배치하였으며, 한자의 구조를 '여섯 가지 법칙[六書]'으로 설명했다. 한자를 연구하는데 가장 기본이자 최고의 권위를 지닌 저작이다. 중화서국에서 간행한 『사부비요(四部備要)』본 『설문해자』, 당나라 서현(徐鉉)이 교정(校定)한 것을 청나라 주균(朱筠)이 다시 판각하였으며 서한(徐瀚)이 교정을 보았다.

「허신(許愼) 동상과 묘」(2010). "허신문화원" 내에 세워진 허신 동상. 뒤로 보이는 것이 허신의 묘이다. 허신(58?~147?)은 중국 한자학의 상징적 존재로 '문자학의 성인'이라는 뜻의 '자성(字聖)'이라 불린다. 동한시대의 경전학자이자 문자학자로 자는 숙중(叔重)이고 하남성 언성(郾城) 사람이다. '성품이 순박돈독하였고 경전에 박학하여 마융(馬融)이 늘 그를 따르고 존경하였으며, 당시 사람들은 오경(五經)에 관한 한 그를 따를 자가 없다고 했다'(『후한서』). 당시의 저명한 고문 경전학자인 가규(賈逵)에게 사사하여 대전(大篆)과 고문에 박통했다. 중국 최초이자 최고의 권위를 가진 고문자 사전인 『설문해자』를 저술했으며, 『오경이의(五經異義)』와 『회남자주(淮南子注)』를 지었다 하나 전해지지 않고 있다.

5.05.

뒷부분이 함몰된 유골의 진실

—미微와 노인 살해

'죽음'이 무엇일까? 왜 사람은 죽는 것일까? 죽으면 어떻게 되는가? 지금도 대답이 쉽지 않은 문제이다. 그 옛날 옛적 원시시대 사람들은 무엇을 죽음이라 생각했을까?

답은 의외일 정도로 당연하면서도 보편적이다. 육체와 영혼의 분리, 바로 이것이 죽음이다. 하지만 옛사람들은 그 과정에서 피를 흘리지 못하면, 영혼은 영원히 육체에서 분리되지 못한다고 생각했다. 이는 당시 사회가 사냥이 생활의 일부였던 까닭에 늙어서 죽는 사람보다는 사냥이나 사고에 의해서 죽는 사람이 더 많았기 때문이 아닐까 하고 추정해 볼 수 있으리라. 어쨌든 그들은 나이든 노인이 아직 죽지 못하고 있는 까닭을 피를 흘리지 못했기 때문이라고 해석한다. 지금으

몰래 미[1]

로선 듣기 민망한 말이지만, 그 당시에는 죽기를 '도와'주기 위해서 노인을 몽둥이로 뒤에서 때려죽이는 습속이 있었다.

한자에서의 微[1][몰래 미]가 바로 그것을 반영한 글자이다. 이는 스스로를 가다듬지 못할 정도로 연로하여 머리를 길게 풀어헤친 노인을 뒤에서 몽둥이로 내려치는 모습이다. 머리를 길게 풀어 헤쳤다는 것은 머리를 가다듬지 못할 정도로 연로하다는 의미이다. 그래서 長[2][길 장]은 머리를 길게 풀어헤친 노인의 모습을 형상했으며, 이 글자는 '길다'는 의미로부터 '연장자'라는 의미를 갖게 되었고, 이에서 다시 '우두머리'라는 의미가 파생되었다.

광서성 계림(桂林)의 증피암(甑皮岩) 유적지 발굴 보고에 의하면 당시로서는

고령인 50세 이상의 유골이 모두 뒷머리 부분이 파손된 채 발견되었는데, 이 또한 미(微)에 반영된 습속의 고고학적 반증이라 하겠다. 이 글자는 이후 동작의 의미를 표시하는 彳[조금 걸을 척]이 덧보태어져 오늘날의 형태가 되었다. 그래서 '병이 나다'나 '쇠잔하다'는 뜻이 있게 되었다.

그러나 시간이 지나면서 윤리, 도덕, 종교 등 모든 분야에서 인간의 인지가 발달함에 따라 이러한 행위는 공개적으로 행해지지 못하고 은밀한 곳에서 숨어 행해지게 됨으로써 이에는 '은밀하다'나 '몰래'라는 뜻이 생겨나게 되었다. 이는 이 무렵부터 이미 그러한 행위는 도덕적으로든 법률적으로든 지탄의 대상이 되고 있었음을 보여 주는 것이다.

오늘날 많은 문제를 야기했던 패륜 범죄 소식을 접할 때마다 우리 사회가 문명도 도덕도 그 무엇도 존재하지 않았던 원시 사회로 정말 되돌아가고나 있는 것은 아닌지 우려를 금할 수 없다.

길 장[2]

미(微)의 자형 구성과 자형 변천표

5.06.

삶과 죽음의 연속

─가슴 문신文身과 순환론

글월 문[1]

文[1][글월 문]은 원래 가슴에다 문신을 새긴 사람의 정면 모습을 형상했는데, ×나 ∨, 心 등의 부호가 사람의 가슴 부위에 표현되어 있다. 하지만 이러한 문신을 가슴에다 새긴 이유는 무엇이며, 이러한 행위의 상징은 무엇일까?

이를 위해서는 고대 중국인들의 죽음, 즉 사망에 대한 관념을 이해할 필요가 있다. 그들은 목초지를 찾아 언제나 옮겨 다녀야 하는 목축 생활과는 달리, 한 곳에서 정착하여 살아가는 농경의 시절로 접어들면서 파종과 성장, 결실, 수확 등의 반복적 순환을 자연스레 관찰하면서, 이러한 순환이 우주의 운행 질서를 나타내 주는 '진리'로서 생각했을 것이다.

고대인들은 이러한 '순환론적' 사유 때문에 삶과 죽음이라는 것을 서로 별개의 것이 아닌 언제나 연속되는 과정이라고 생각했으며, 사람이 죽는다 해도 그 영혼은 다시 옛집으로 돌아와 환생한다는 생각을 갖고 있었다. 그리고 죽음이란 바로 영혼이 사람의 육신에서 떨어져 나가는 것이며, 이 과정은 '피 흘림'을 통해서 이루어진다고 생각했다. 그 결과 환생할 수 있는 영혼의 분리는 육체에서 피가 흘러나와야만 가능한 것으로 인식했으며, 그로 인해 피를 흘리지 않고 죽는 자연사는 영원한 사멸이며, 피를 흘리고 죽어야만 비로소 안심할 수 있다고 생각하게 되었던 것이다.

이렇게 본다면 위에서 말한 문(文)은 바로 사람이 죽은 후 영혼이 인간 세상으로 돌아오도록 하기 위한 하나의 조처이다. 즉 여기서 표현 대상이 된 사람은 자연사한 사람으로, 피를 흘리지 않고 죽었기 때문에 인위적으로 이들의 시신에 칼집을 내어 피를 흘리도록 한 것을 형상한 것이 문(文)이다. 그래서 문(文)의 초기 뜻에는 '무늬를 아로새기다', '아름다운 무늬' 등의 의미 외에도, '돌아가신 옛 어른'이라는 의미도 갖고 있다.

이러한 습속은 분명 순환론적 사고, 즉 겨울이 가면 봄이 오듯 죽음이란 또 다른 '탄생'을 예비하는 것이고, 마지막이란 언제나 새로운 '시작'으로 이어지는 것이 만물의 자연스러운 섭리라는 인식에서 비롯된 것이라 하겠다.

금문에 표현된 다양한 문(文)자들. 가슴팍에 무늬를 그려 넣은 모습인데, 무늬는 피흘림을 통해 영혼이 육체로부터 빠져 나가도록 한 조처로 보이며, 그것이 죽음이라 생각했다. 이 때문에 문(文)에는 무늬라는 뜻 외에도 인문(人文)에서처럼 '정신적'이라는 뜻을 가진다.

5.07.

영혼 불멸, 환생에 대한 믿음: 다시 자연으로

—죽음死과 조문弔

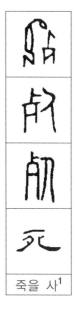

죽음의 의미하는 死[죽을 사]는 앙상한 뼈[歺(歹); 앙상한 뼈 알] 앞에서 사람[人]이 꿇어앉아 애도를 표하고 있는 모습이다. 그래서 한자에서 알(歹)이 들어가면 모두 '죽음'과 관련된 의미를 지닌다. 예컨대 歿[죽을 몰], 殆[위태할 태], 殃[재앙 앙], 殉[따라죽을 순], 殘[쇠잔할 잔], 殊[목 벨 수] 등이 그러하다.

하지만 고대 중국인들은 영혼 불멸을 믿었다. 앞에서도 언급했듯이 '죽음'은 새로운 시작, 즉 환생을 의미했다. 그런 까닭에 조문 가는 것이 꼭 슬픈 마음을 전하는 것만은 아니었던 것 같다. '조문을 하다'는 뜻의 弔[조문할 조]는 원래 사람 [人]과 활[弓]로 구성된 글자이다. 사람의 시신을 처리하는 방

죽을 사¹

법에는 여러 가지가 있지만 조(弔)는 그 중에 들이나 숲에다 갖다 버리는 들장이나 숲장의 장례법이 반영된 글자이다.

시신을 들이나 산에다 갖다 버리면 야수나 독수리의 먹이가 되기 십상이다. 그래서 가까웠던 사람이 짐승의 먹이가 되는 것을 차마 보지 못해 활을 들고 가서 이를 며칠씩 지켜 주는 것이 조(弔)에 반영된 원래 조문의 의미였나. 그러므로 조(弔)는 죽은 자가 자신이 자연으로 되돌아 갈 수 있도록 배려해 주는 모습이 담긴 글자라 하겠다.

지금은 매장이나 화장이 주류를 이루고, 또 수목장이나 자연장도 늘어나고 있다. 하지만 '장례'를 뜻하는 葬³[장사지낼 장]은 갑골문 단계에서는 그냥 침

상 위에 시신을 올려놓은 모습으로 표현했지만, 진나라 소전 이후의 글자에서는 풀[艸]로 시신[死]을 아래위로 풀을 덮어놓은 형상을 그려 매장이나 화장이 아닌 들장이나 숲장의 습속을 반영했다. 그리고 지금은 쓰이지 않지만 한나라 때의 예서에 보면 장(葬)을 장(塟)으로 표기한 것이 보이는데, 이는 시신[死]을 흙[土]에다 묻고 다시 풀[艹]을 덮은 매장 법을 반영한 글자이다.

요즈음 널리 사용하고 있는 吊[조문할 조]는 조(弔)의 속자이다. 이 글자는 곡을 하는 입[口]과 조등을 매단다는 巾[헝겊 건]이 합쳐져 만들어진 글자이다. 즉 들장이나 숲장의 습속이 사라지면서, 조문도 활을 들고 들에 나가 시신을 지켜 주는 것이라기보다는 곡을 하면서 죽은 사람을 애도하는 행위로 뿌리 내리기 시작했고, 그리하여 이가 속자임에도 불구하고 정자인 조(弔)보다 더 널리 사용되게 된 듯하다.

조문할 조[2]	장사지낼 장[3]

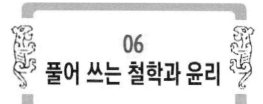

06
풀어 쓰는 철학과 윤리

덕이 있는 자는 외롭지 아니하니

―덕德과 곧은 마음直心

사람과 사람 사이에서 강조되어야 할 덕목으로 많은 것이 있을 수 있겠지만 고대 중국에서 가장 강조되었던 것으로는 아무래도 德[덕 덕][1]을 들어야 할 것이다.

덕(德)은 왕조의 지배 체계가 강화되던 주(周)나라에 들면서 특히 두드러지게 강조되기 시작했으며, 부모와 자식 간의 관계가 효(孝)로, 형제 사이의 사랑이 제(悌)로 인식되었던 범주와 관계 지어져 타인과의 관계, 나아가 세상살이에서 가져야 할 보편적 가치로 강조되었다.

덕(德)은 直[곧을 직]의 옛 형태와 心[마음 심]으로 구성된 글자이다. 덕(德)과 같은 글자로 지금 이름자에서 널리 쓰이고 있는 悳[덕 덕]은 바로 이렇게 해서 구성되었다. 여기서 직(直)은 소리부의 기능도 하지만 의미의 결정에도 관여하고 있다. 즉 직(直)과 심(心)이 합쳐진 구조를 직접 해석하면 '곧은 마음'이며, 이것이 바로 '덕'인 것이다.

재미있는 것은 直[곧을 직][2]의 구조이다. 이는 그림에서 볼 수 있는 바와 같이 왼편의 彳[자축거릴 척]은 원래 사방으로 난 십자로를 뜻하는 行[3][갈 행]의 줄임 형태이며, 나머지는 눈[目]과 세로선[丨]으로 되어 있다. 여기서의 세로선은 눈으로 어떤 전방의 물체를 살펴본다는 의미를 가지며, 어떤 경우에는 이를 구체적으로 표시하기 위해 점으로 나타내었고 이 점이 다시 가로획으로 변해 오늘날처럼 되었다. 사방으로 난 길에서 눈을 들어 똑바로 본다는 뜻에서 직(直)의 의미가 생겨났고 여기서 '곧바른'이라는 뜻이 생겼다.

덕 덕[1]

이렇게 볼 때 덕(德=悳)이라는 것은 바로 '마음이 곧바른' 것을 말하며, 이러한 곧바른 마음을 수양하는 것이 바로 사람의 가장 큰 덕목으로 여겨졌던 것이다. 그리고 이러한 悳(곧바른 마음)을 통해 다른 사람과의 관계를 형성해 갈 수 있었던 것이다. 이후 덕(德)이 관념적인 것으로만 흐르게 되자 이의 실천성이 강조되면서 덕행(德行)이라는 말이 생겨났다.

이렇듯 사람과의 만남이나 사귐에 있어 가장 기본이 되어야할 것은 바로 '곧은 마음'이었다. '곧은 마음'을 안고 살아간다는 것은 분명 외롭고 힘든 길이 아닌 신나고 즐거운 길일 것이다. 그래서 공자께서도 "덕이 있는 사람은 외롭지 아니하고 반드시 이웃이 있다.(德不孤, 必有隣.)"라고 하지 않았던가? 모든 만남이 '이익'과 연계 지어지는 오늘날을 사는 우리들에게 한번쯤 생각할 기회를 주는 한자이다.

곧을 직[2]

갈 행[3]

6.02.

북극성이 더욱 빛나는 이유

―공경恭과 덕정德政

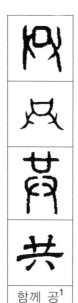

함께 공[1]

공자께서는 일찍이 덕치(德治)의 중요성을 강조하면서 덕으로 정치를 하게 되면 "북극성이 제자리에 가만있어도 모든 별이 그것을 받드는 것처럼 된다(北辰居其所, 衆星共之.)"라고 했다. 즉 덕으로 나라를 다스리게 되면 일부러 움직이지 않아도 교화되며, 애써 강요하지 않아도 믿게 되고, 억지로 행하지 않아도 이루어진다는 말이다. 뿐만 아니라 지극히 소박함을 지키면서도 복잡다단함을 제어할 수 있으며, 지극히 고요함에 처해 있으면서도 움직이는 것을 막을 수 있으며, 지극히 적은 사람을 움직이면서도 많은 사람을 감화시킬 수 있다. 덕치의 무궁무진한 효용을 강조한 말로 유명하다.

'중성공지(衆星共之)'라고 할 때의 共[1][함께 공]은 '모두'나 '함께'라는 뜻으로 쓰이나, 두 손으로 어떤 물건을 맞잡고 있는 것을 그린 그림처럼 '받잡다'는 뜻이 원래 의미이다. 하지만 파생 의미인 '함께'라는 뜻이 주로 쓰이게 되자 원래 의미를 더 구체적으로 표시하기 위해 손[扌=手]을 더하여 拱[두 손 마주잡을 공]이 되었다. 여기서 두 손으로 받잡고 있는 어떤 물건은 아마도 신께 올리는 제수, 희생물(犧牲物)인 듯 하며, 이 의미가 보다 구체적으로 나타난 경우는 행위 주체인 인간[人]이 첨가된 供[이바지할 공]으로 표현되었다. 이는 '공급(供給)'과 같이 무엇을 바치는 행위를 표현하는 데 쓰인다. 이러한 행위를 할 때는 반드시 공경(恭敬)스런 마음을 가져야 함은 당연하다. 그래서 이러한 마음[心]을 더한 것이 恭[공손할 공]이다. 물론 이러한 글자군(群)에서 공(共)이 소리부의 역할도 동시에 담당하고 있다.

이와 유사한 구조를 가진 글자가 與[줄/더불 여]이다. 두 손으로 어떤 물건을 들고서 다른 두 손에 건네주는 모습에다 발음을 나타내는 与[줄/더불 여]가 합쳐진 구조로, 수여(授與)와 같이 '주다'는 의미가 원래 뜻이다. 주다는 뜻으로부터 참여(參與)하다는 뜻으로 의미가 확대되었으며, '들다'는 의미는 여기에다 손[手]을 더하여 擧[들 거]로 분화되었다. 輿[수레/많을 여]는 여러 손으로 가마를 들고 있는 모습이며, 興[일어날 흥] 역시 여러 손으로 들것을 들고 있는 모습을 그렸다.

북두칠성. 북두는 7개의 별로 구성되어 북극성을 중심축으로 하여 북두칠성의 손잡이 부분이 계절에 따라 봄에는 동쪽, 여름에는 남쪽, 가을에는 서쪽, 겨울에는 북쪽으로 향한다. 모든 신을 관장하는 천신 태일(泰一)은 언제나 천체의 중앙에 위치하여 북두 속에 위치한다. 그래서 북극성은 모든 사람의 중심이자 존중을 한 몸에 받는 임금의 상징으로 여겨지기도 한다. 그림에서는 천신인 태일이 자신의 수레인 북두의 머릿부분 속에 앉아 구름을 바퀴로 삼아 천하를 순시하고 있다. 창룡이 춤을 추고 금조가 날개짓하며, 신하들이 행차를 환영하고 있다. 산동성 무씨사당 화상석.

6.03.

번잡함이 아닌 경건함의 예

—예禮와 북壴과 옥玉

공자(孔子)의 사상 중 빼놓을 수 없는 부분이 禮[예/예물 례]
이다. 공자는 사람살이나 국가, 사회가 반드시 지켜야 하는
법도로 예를 설정했다. 유가 사상이 국가의 통치 이념으로
자리 잡게 되자 예는 대단히 복잡다단한 예절 형식이나 제도
를 규정하게 되었다. 그래서 고대 중국에서는 이를 알아보기
쉽게 하기 위해 국가 제도에 관한 예를 『주례(周禮)』에다, 개
인의 생사나 결혼 등에 관한 예를 『의례(儀禮)』에다, 예에 관
한 의식이나 관념 등을 『예기(禮記)』에다 분리해 규정해 두
었다.

예(禮)는 제사를 뜻하는 示[땅 귀신 시]와 豊[예도/절/인사
례]로 구성된 글자이다. 예(豊)는 그림에서 보는 바와 같이
윗부분은 옥(玉)이고 아랫부분은 술이 달린 북[鼓]으로 구성
된 글자이다. 북은 제사나 제의 등에서 신령을 경건하게 모
시기 위해 사용되었고, 옥은 제사 등을 모실 때 쓰던 예옥(禮玉)을 의미하는
것이다. 석기 시대의 유적지에서 흙으로 만든 북을 비롯해서 대량의 옥이
출토되는 것이 이를 뒷받침 해 준다. 이렇듯 예(豊)는 옥과 북 등을 동원해
서 경건하게 신을 모시던 행위를 일컫는 것으로부터 '예도'나 '절'이라는 뜻
을 갖게 되었다.

어떤 학자들은 아랫부분에서 형상한 것이 북이 아니라 그릇[豆]이라 하기도
한다. 그렇게 되면 제사에 사용되었던 제기를 의미하는 것으로 해석되어 질

예/예물
례[1]

수 있으며, 이렇게 되어도 예(禮)라는 기본적인 뜻의 형성에는 별다른 변화를 주지 않는다.

이렇게 볼 때 예(禮)라는 것은 그 초기에는 인간이 신에게 제사 드릴 때 행하던 의식, 즉 제의(祭儀)에서 그 의미의 기원을 찾아야 할 것이다. 신과 인간의 관계에서 갖추어야 했던 예절이 이후에는 인간과 인간, 나아가서는 통치자와 피통치자 등의 관계에서 지켜져야 할 그런 덕목으로 확정되었으며, 이로부터 각종의 제도나 규칙 등으로 의미가 확대되었던 것 같다.

고대 중국에서 일반적으로 알려져 있는 다섯 가지 중요한 예는 길례(吉禮), 흉례(凶禮), 군례(軍禮), 빈례(賓禮), 가례(嘉禮) 등인데 이는 각각 제사, 장례, 열병, 손님 접대, 혼인 등에 관련된 예를 뜻한다. 사실 우리의 인식 속에 남겨져 있는 예절은 '번거롭고' '형식적인' 것이 아니라 원래는 인간이 신에 대해 가졌던 것처럼의 '경건한' 마음가짐이었다. 현대를 살아가고 있는 우리들은 이러한 예의 정신을 한번쯤 되돌아봄직 하다.

건고(建鼓)와 잡기(雜技). 북을 치고 재주를 뽐내는 한나라 때의 모습을 표현했다.
『중국화상석전집』 제4권 82쪽.

6.04.
대중을 속이는 왕도둑
─대도大盜와 도척盜跖

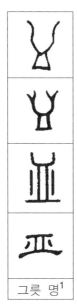

그릇 명[1]

중국에서 가장 유명한 도둑에 관한 이야기는 『장자(莊子)』의 「도척(盜跖)」편이다. 공자가 어느 날 도척이라는 대도가 있다는 애기를 듣고 그를 자신의 예교(禮敎)로써 교화시키기 위해 찾아갔다. 그러자 도척은 공자에게 '당신의 그 유려하고 위선적인 말솜씨만으로 일도 하지 않고, 천하를 미혹시켜 부귀와 공명을 자신의 것으로 만드니, 도둑치고는 당신보다 더 큰 도둑이 어디 있느냐? 그런데 왜 천하 사람들은 공자를 도둑이라 하지 않고 나를 도둑이라 하는가?'라 했다 한다.

공자의 예교(禮敎)라는 것은 본디 예와 규범을 숭상함으로써 사회의 올바른 질서를 확립하고자 하는 데서 출발했으나, 이것이 예교주의화 함으로써 지나치게 인간의 본능과 자유를 억압하게 되는 결과를 낳게 된다. 위의 우화가 얼마만큼 사실성을 담보하고 있는지는 알 수 없지만 장자는 공자의 그러한 예교주의의 폐단을 지적하고 본능의 자연스러운 충동을 따르는 소박한 쾌락주의(快樂主義)를 설파한 것이다.

여기서 盜[훔칠 도]는 羨[부러워할 선]의 생략된 형태와 皿[1][그릇 명]으로 구성된 글자로, 그릇을 탐낸다는 뜻으로부터 '도둑질하다'는 뜻이 만들어 졌다. 명(皿)은 그릇의 모습을 형상했다. 다만, 금문 단계에서는 그릇을 대부분 청동으로 만들었다는 의미를 강조하기 위해 청동을 뜻하는 金[쇠 금]을 첨가한 것으로 보인다. 그래서 명(皿)이 들어가면 대부분 그릇과 의미적으로 연관된다.

예컨대, 盡²[다할 진]은 한 손으로 솔을 잡고 그릇 안을 씻고 있는 모습을 그렸다. 남은 찌꺼기를 깨끗하게 남김없이 씻어 내어야 한다는 뜻에서 '남김없다'나 '다하다'는 뜻으로 쓰인다. 여기서 다시 '모두'라는 뜻이 나왔고, '진선진미(盡善盡美)'와 같이 '극진한'이라는 뜻도 가지게 되었다.

또 益³[더할 익]은 그릇[皿]에 물[水]이 가득 차 넘치는 모습을 형상한 것으로 익(益)의 윗부분은 수(水)의 변화된 모습이다. 水[물 수]의 모습이 변해 잘 알아보지 못하게 되자 다시 수(水)를 더하여 溢[넘칠 일]이 되었다. 盥⁴[대와 관]은 대야 속의 물로 두 손을 씻고 있는 모습이다. 그래서 화장실을 관세실(盥洗室)이라 하기도 한다.

다할 진²	더할 익³	대와 관⁴

노자와 공자의 만남.
오른쪽을 향해 선 이가 공자, 왼쪽으로 향해 선 이가 노자이다. 노자는 지팡이를 짚고
있는 반면 공자는 노자에게 '예(禮)'에 관해서 가르침을 구하러 간 터라 예물로 쓸
기러기를 손에 들고 있다. 예교의 허위성에 대해 질타를 들은 공자가 돌아와
제자들에게 한 말은 다음과 같다. '새는 능히 날 수 있다는 것을, 물고기는 능히 헤엄칠
수 있다는 것을, 짐승은 능히 질주할 수 있다는 것을 나는 잘 알고 있다. 질주하는
놈은 그물로, 헤엄치는 놈은 낚시로, 나는 놈은 활로 잡을 수 있다. 하지만 용이라는
놈은 어떻게 할 방법이 없다. 그것은 바람을 몰아 타고 하늘로 날아오르기 때문이지.
오늘 본 노자는 정말이지 용이더구나!' 산둥성 무씨사당에 새겨진 화상석.(ⓒ정우진)

6.05.
목숨을 걸고 지키는 의리
—의義와 위엄

의로울/
뜻 의[1]

『수호지』나 정통 무협 영화를 보면서 의리에 죽고 사는 강호 호걸들의 잔잔한 인간애에 자못 감동하던 시절이 있었다. 하지만 강호 호걸들의 그 인간적 의리는 홍콩 영화 속으로 들어오면서 두목에 대한 배반 없는 무조건적인 충성심으로 바뀌어 오늘날 우리들의 사고를 왜곡시키고 있다.

義[1][의로울/뜻 의]는 원래 我[2][나 아]자의 위에다 양[羊] 머리 가죽을 얹어 놓은 모습, 혹은 술 같은 것으로 위를 장식한 모습을 형상했다. 아(我)는 갑골문 시대 때부터 일인칭 대명사로만 쓰여 왔지만 형상한 모습에 근거하면 날이 세 갈래로 되어 있는 창의 모습임이 분명하다. 여기서 말하는 창은 戈[3][창 과]에 해당하는 것으로 낫처럼 생겨 사람을 벨 수 있도록 고안된 무기를 말한다. 이는 우리가 일반적으로 알고 있는 적을 찌를 수 있도록 끝이 뾰족하게 고안된 矛[창 모]와는 다른 형상이다.

한마디 덧붙인다면 찌를 수 있는 창[矛]과 벨 수 있는 창[戈]의 장점을 모두 수용하여 이 둘을 하나로 합친 것이 戟[창 극]이다. 이러한 것으로 미루어 볼 때 我라는 창은 적을 물리치기 위해서가 아니라 아군 내의, 혹은 공동체 내의 배반자를 처단하거나 결속력을 다지기 위해 쓰였음이 틀림없다.

이러한 창[我]에 위엄을 더하기 위해 양의 머리 가죽을 덧씌우거나 장식을 더한 것이 바로 의(義)이다. 여기서부터 공동체의 위엄이나 권위라는 의미가 생겨났고, 여기에서 다시 예의나 법도, 그리고 신하와 신하들 간의, 백성과 백성들 간의 관계를 규정하는 의리(義理)나 도의(道義) 등과 같은 복합어가 형성되었다. 한편 儀[법도/모양의]는 의(義)에 시[사람 인]이 더해진 것으로 의리의 형식적, 사회적 측면이 강조된 것으로 의식이나 예의 등의 의미로 쓰인다.

중국에서 의(義)는 줄곧 사람이 지켜야 할 합리적 행위 표준으로 인식되어 왔다. 그래서 '목숨을 버리더라도 의리는 지킨다(捨生而取義)'고 한 맹자(孟子)에 이르러 의(義)는 목숨보다 소중한 보편적 행위 준칙으로 자리 잡게 되었으며, 이러한 전통은 중국에서 지금껏 일관되게 지켜져 오고 있다.

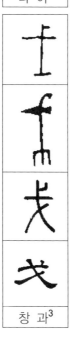

나 아[2]

창 과[3]

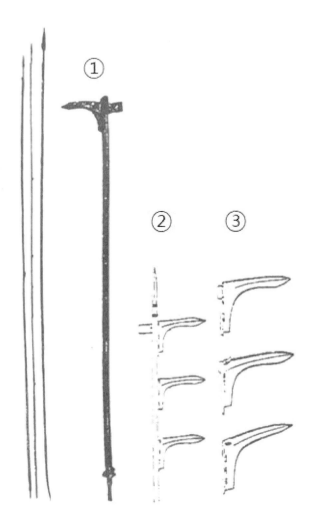

여러 가지 창의 모습. ①이 상대를 찌르도록 고안된 모(矛)이고, ③이 상대를 베거나 찍도록 고안된 과(戈)이며, ②는 이 둘이 결합된 극(戟)이다. 여기서 보이는 극(戟)은 과(戈)가 여럿 달린 모습이 특징적이다.

6.06.

정의를 목표로 한길을 가다

─충忠과 공평무사

忠¹[충성할 충]은 中²[가운데 중]과 心[마음 심]으로 구성된 글
자이다. 中은 원래 그림에서 볼 수 있듯이 바람에 나부끼는
깃발을 그렸다. 자신의 씨족임을 표시하기 위해 깃발에다 상
징 부호(토템)를 그려 넣었다는 『주례·사상(司常)』에서의 기
록을 볼 때 이는 아마도 씨족 표지 깃발이었던 것으로 보인
다. 옛날 집단 사이에 중대사가 있으면 넓은 터에 먼저 깃발
[中]을 세우고 이를 중심으로 민중들을 집합시켰다. 민중들은
사방 각지로부터 몰려들었을 터이고 그들 사이로 깃발이 꽂
힌 곳이 '중앙'이자 '중심'이었다.

이로부터 중(中)에는 '중앙'이라는 뜻이 생겨났고 다시 모든
것의 중앙이라는 뜻으로 확대되었다. 여기서 다시 '마침 맞
은'이라는 뜻을 갖게 되었다. 마침맞다는 것은 어느 한쪽으로
도 치우치지 않고 가장 적절하다는 뜻이다. 그래서 충(忠)은
마음[心] 속으로부터 어느 한쪽으로도 치우치지 않은[中] 공평무사한 원칙을
견지해야 한다는 뜻으로 해석될 수 있다. 그래서 '지나치거나 모자람이 없고,
또 어느 한편으로 치우치지 않고 떳떳하여 변함이 없는 것'을 두고서 '중용
(中庸)'이라 하지 않았던가? 이것이 바로 中의 철학적 의미일 것이다.

이렇게 볼 때 '공평무사한 마음으로 진심 진력하는 것'이 바로 충(忠)의 본질
이라 할 수 있다. 그래서 줄곧 도덕적 인간의 최고 경지로 인식되어 온 '군
자(君子)'의 미덕이 바로 충(忠)에 있다고 하지 않았던가?

*

충성할
충¹

그러므로 계급 사회에서 신하가 윗사람에게 '공평무사한 마음으로 진심 진력하는' 사람을 '충신(忠臣)'이라 하고 이러한 행위를 '충성(忠誠)'이라 한다. 다시 말하면 충성은 윗사람에게 무조건적으로 복종하고 아첨하거나 자신의 사리사욕을 채우기 위한 하나의 수단이 될 수 없다. 그래서 우리는 역사적으로 사육신이나 생육신 등을 충신으로 추앙하지 않는가?

충(忠)은 수직적 사회에서 나온 개념이긴 하지만 반드시 정의(正義)를 위한 것이어야 한다. 그럼에도 정의가 무엇인지 구분하지 못하고 무조건식의 윗사람에 대한 몸 바침은 더 이상 충성도 아니요 충신은 더더욱 아니다.

가운데
중²

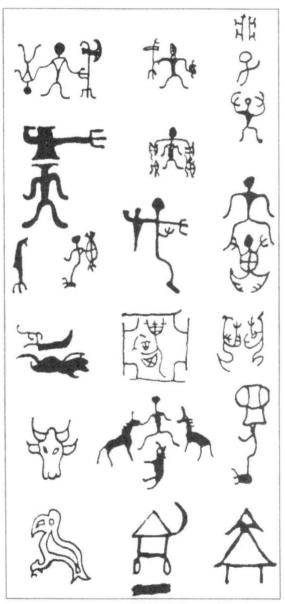

청동기 명문에 보이는 씨족 표지[族徽].

6.07.

효를 행하려 하니, 어버이 안 계시더라

—노인老과 효도孝

효는 동양적 전통에서 최고로 치는 덕목 중의 하나이다. 더군다나 현대에 들어서 경쟁의 개념이 강화되어 갈수록 더욱 더 인간에 대한 사랑은 메말라 가고만 있다. 특히 부모나 노인에 대한 관심이 계속 줄어가고 있는 요즈음, 우리 선조들의 이 훌륭한 덕목인 '효도'를 다시 한 번 되새겨 봄직하다.

늙을 로[1]

老[1][늙을 로]는 머리를 풀어헤친 한 사람이 지팡이를 짚고 있는 모습을 형상함으로써 '노인'을 나타내었다. 이 로(老)에 子[아들 자]가 더해진 모습, 즉 노인이 아들에게 업혀 있는 모습이 孝[2][효도/효자 효]이다. 나이든 노인을 자식이 부모를 등에 업고 모시는 모습, 즉 봉양하는 모습을 반영한 글자이다. 로(老)는 '노인'이라는 뜻으로부터 '오래 된', 혹은 '경험이 많은'이라는 뜻을 갖게 되었고, 또 '노약한'이라는 뜻도 가지게 되었다.

옛날 유교를 숭상하던 시절 부모에 대한 효도는 지극히 강조되었다. 그래서 어려서는 살아생전에는 부모를 받들고, 자라서는 봉양해야 하며, 돌아가신다 해도 그 뜻을 거스르지 않아야 했고, 제사를 모셔 부모의 은덕을 기렸다. 그래서 효는 忠[충성할 충]과 함께 나라를 다스리는 중요한 2대 개념으로 인식되었으며, 나이든 노인들은 국가적 차원에서 적극적으로 존중되었다.

그리하여 나이에 따른 노인의 명칭도 상당히 세분되어 있었다. 예컨대 60된 노인을 耆[늙은이 기], 70된 노인을 老[늙을 노], 80된 노인을 耋[팔십세 노인

질], 90된 노인을 耄[구십세 노인 모]라 했다. 기(耆)는 뜻을
나타내는 노(老)와 독음을 나타내는 旨[뜻 지]가 합쳐진 글자
이나 합치는 과정에서 匕[순가락 비]가 생략되어 지금의 형
태로 고정되었다.

효도/효
자 효²

백유(伯楡)의 효행도. 지극히 엄한 어머님 밑에서 자란 백유는
장성하고서도 잘못이 있으면 어머님께 매를 맞았다. 그러던 어느 날
잘못을 저지른 백유를 매를 때렸더니 예전에는 전혀 울지 않던 그가
슬피 울어대지 않는가? 그 까닭을 물었더니 이렇게 대답했다.
'이전에는 어머님의 매가 아프게 느껴졌으나 오늘은 아픔을 느낄 수
없을 정도로 힘이 없습니다. 불초 소생이 어머님을 이토록 늙게
만들었다 생각하니 한없이 슬퍼져서 그러는 것입니다'. 산동성
무씨사당 화상석.

형거(邢渠)의 효행도. 어려서 어머니를 잃고 아버지 손에서 자란 형거는 늙어 음식을 먹지 못하는 아버님께 하루 세끼 직접 음식을 떠 먹여 드리며 극진히 봉양했다. 결과 아버지는 건강을 회복하고 백여 살까지 장수를 누렸다 한다. 산동성 무씨사당 화상석.

6.08.

부모를 봉양하는 효조孝鳥

—새鳥와 까마귀鳥

새 조¹

중국 신화에 의하면 태양에는 발 셋 달린 새가 살고 달에는 두꺼비가 산다고 한다. 태양에 사는 발 셋 달린 새를 '삼족오(三足鳥)'라 하고, 혹은 '금조(金鳥)'라 하기도 한다. 고구려 고분 벽화에서도 이러한 모습을 볼 수 있다.

鳥¹[새 조]는 새의 모습을 그린 것이며, 이에 口[입 구]가 보태지면 새가 울음을 의미하는 鳴[울 명]이 된다. 명(鳴)은 이후 모든 벌레나 동물의 울음을 지칭하는 것으로 의미가 확대되었다. 반면 조(鳥)에서 눈을 나타내는 부분을 없애 버리면 鳥²[까마귀 오]가 된다. 실은 눈이 없는 것이 아니라 온 몸이 까맣기 때문에 언뜻 보면 까마귀의 눈이 없는 것처럼 보이기 때문이다. 우리나라 사람들은 까마귀에 대해 그리 좋은 인상을 지니고 있진 않지만, 실상 까마귀는 효성이 극진한 새로 알려져 있다.

새를 나타내는 한자의 부수 중 조(鳥) 이외에도 隹³[새 추]가 있다. 추(隹) 역시 새를 형상한 글자다. 그래서 조(鳥)나 추(隹)가 들어간 한자는 모두 새 이름이거나 새와 관련된 뜻을 가진다. 다만 갑골문에 근거해 볼 때, 조(鳥)는 머리기 그리고 목이 길게 그려진 반면 추(隹)는 목이 짧고 배가 크게 그려져 있다. 목이 짧으면 잘 울지 못할 것이고 배가 크다는 것은 멀리 날지 못하는 특징이 숨어 있을 것이다. 그래서 닭을 나타내는 한자로 鷄[닭 계]와 계(雞)가 있는데, 지금 전자를 보편적으로 쓰고 있지만 실은 이런 특징에 근거해 보면 후자가 정자인 셈이다.

隻⁴[하나 척]은 손으로 새를 잡고 있는 모습으로 새 한 마리라는 뜻이다. 이후 배를 헤아리는 수사로도 쓰이게 되었다. 척(隻)이 둘 모이면 雙[쌍 쌍]이 되며, 새 두 마리라는 뜻이다. 물론 새를 잡은 손인 又[또 우]가 하나 생략된 모습이다.

*		
까마귀 오²	새 추³	하나 척⁴

반포지효(反哺之孝)의 주인공, 까마귀.

反哺之孝
반포지효
fǎn bǔ zhī xiào

새끼가 어미를 먹여 살리는 데는 까마귀만 한 놈도 없다. 어미가 늙으면 새끼가 어미에게 되먹인다. 이러함 때문에 까마귀는 효조(孝鳥)로 알려져 있으며, 특별히 자오(慈鳥)라 부른다. 반포지효(反哺之孝)라는 말도 여기서 나왔다.

되돌아 남을 살피는 마음

—사랑愛과 인仁

고대 중국인들은 인간의 기본적 감정을 기쁨[喜], 분노[怒], 슬픔[哀], 두려움[懼], 사랑[愛], 증오[惡], 욕망[欲] 등 일곱 가지로 보았는데, 소위 칠정(七情)이라는 것이다. 하지만 이 중에서도 가장 인간을 인간답게 만드는 것은 다름 아닌 사랑일 것이다. 오늘날 사랑이 남녀 간의 사랑이라는 의미로 한정되어 사용되는 경우가 많지만, 한자의 창제 원리에 의하면 원래 愛[사랑 애]는 '머리를 돌려 남을 생각하는 마음'이다.

애(愛)는 갑골문에는 나타나지 않고 금문에서부터 보이는데 그 기본 구조는 그림과 같이 꿇어앉아 머리를 돌려 입을 벌리고 있는 사람의 모습을 그린 旡[목멜 기]와 심장의 모습을 형상한 心[마음 심]으로 구성되어 있다. 심(心)은 심방이 좌우로 나 있는 심장의 모습을 그린 것이지만, 이후 마음이라

사랑 애[1]

는 추상적 개념으로 의미가 확대되었다. 애(愛)의 자형에서 그려진 머리를 돌려 생각하는 마음은 단순히 남녀 간의 사랑을 지칭하는 것이 아니라 바로 다른 사람을 걱정하고 위하는 마음을 말하는 것일 게다. 그래서 공자도 사랑에 대한 정의를 내리면서 '남을 아끼는 마음'이라 하지 않았던가? 이 말로부터 애(愛)는 인(仁)과 함께 어우러져 인애(仁愛)라는 말로 자주 쓰인다.

유가사상에서 아주 중요한 개념 중의 하나인 한 仁[어질 인]의 자형 해석 대해서는 의견이 분분하다. 지금까지 확인된 가장 이른 자료는 전국시대 때의 중산국(中山國)에서 발견된 네모꼴 병에 새겨진 명문이다. 여기서 보이는 형체는 사람이 앉아 있는 모습과 어떤 부호로 보이는 =로 구성되어 있다.

혹자는 =를 중복표시 부호로 보고서 이를 인인(人人)의 생략된 형태로 해여, 인(仁)이란 바로 '사람[人]과 사람[人] 사이의 마음', 즉 사람이 사람을 대할 때의 마음을 바로 인(仁)이라 해석하기도 한다.

하지만 『한간(汗簡)』 등 다른 고문자 자료에 의하면 윗부분은 身[몸 신]의 간략화 된 모습이고, 아랫부분은 심(心)으로 되어 있다. 신(身)은 사람의 몸체를 그렸으며, '사람'을 뜻한다. 그래서 은 이러한 신(身)이 이후 千[일천 천]으로 잘못 변했고, 다시 인(仁)으로 변한 것으로 해석할 수 있다. 그런 즉 인(仁)의 창제 원리는 바로 '사람의 마음'이라 해석할 수 있겠다. 여기서 말하는 '사람의 마음'이란 바로 다른 사람을 걱정하고 위하는 마음이다. 그래서 맹자도 인(仁)이란 남을 어여삐 여기는 측은지심(惻隱之心)이 바로 그 시작점이라 하지 않았던가?

공자와 맹자가 주창했던 통치철학인 인정(仁政)이란 바로 인(仁)자의 글자 해석에서 볼 수 있듯 남을 생각하고 어여삐 여기는 정치를 말함이다. 정치뿐만 아니다. 자신의 이익, 자신을 챙기는 것보다는 남을 먼저 생각하는 대승적 자세가 우리 인간의 본성을 지키는 것이 아니겠는가?

목멜 기²	마음 심³	어질 인⁴

6.10.

부모 팔아 친구 산다
─친구友와 믿음信

"부모 팔아 친구 산다"라는 우리 속담은 우리들에게 친구의
존재가 얼마나 중요한가를 극명하게 보여 주는 대목이다. 현
대의 삶이 파편화되고 개인화되어 갈수록 친구의 존재는 더
욱 중요할 것이다. 하지만 친구 간에도 언제나 지켜져야 할
덕목이 있다. 그것은 다름 아닌 믿음이다. 그래서 옛사람들도
붕우유신(朋友有信)이라 하지 않았던가?

친구라는 의미를 나타내는 友[벗 우]는 두 사람의 오른쪽 손
을 나란히 그렸다. 그려진 손의 방향이 일정한 것으로 보아
한 사람이 아닌 두 사람의 손임을 알 수 있다. 그리고 왼쪽
손이 아닌 오른쪽 손이라는 의미는 우리가 일상적으로 사용
하는 손으로써 어떤 일을 해 줄 수 있다는 의미가 깔려 있
다.

벗 우[1]

한자에서 오른쪽 손을 하나 그리면 右[오른 우]가 되는데, 이 글자의 원래
의미는 돕다는 뜻이었다. 하지만 이 글자로써 오른쪽이라는 추상적 방향을
나타내게 되자 다시 人[사람 인]을 더하여 佑[도울 우]를 만들어 '돕다'는 뜻
을 전문적으로 표시하게 되었다. 그래서 두 사람의 오른쪽 손을 나란히 그
린 우(友)의 원래 뜻은 바로 서로 돕다는 의미가 될 것이다. 그런 즉 여기에
는 친구란 바로 서로 돕는 존재여야 한다는 의미가 담겼다.

이러한 의미를 가진 우(友)는 이후 발전되어 형제간에 유지되어야 할 덕목의
하나가 되기도 했다. 즉 "'아버지는 의(義)로워야 하고 어머니는 자애(慈愛)로

워야 하며 형은 우애(友愛)로워야 하고 동생은 공손(恭遜)해야 한다"라고 했는데, 우애란 바로 서로를 돕고 생각해 주는 마음을 말한다.

한편, 친구 간에 지켜야 할 가장 중요한 덕목은 '믿음'이라 했는데, 믿음을 뜻하는 한자인 信[믿을 신]은 人[사람 인]과 言[말씀 언]으로 구성되어, 사람의 말에는 필시 믿음이 있어야 한다는 글자 창제의 의미를 담았다. 초기 한자에서는 신(信)의 표기가 인(人)과 구(口)가 합쳐진 모습으로 되어 있는데, 이는 언(言)과 구(口)가 의미의 유사성 때문에 서로 바뀐 역시 같은 의미로 해석되어 진다.

온갖 거짓말이 난무하고 기회만 나면 서로를 속이는 현대의 삶에서 신뢰란 그 어느 것 보다 중요한 덕목일 것이다. 이것이 옛사람들도 신(信)을 忠[충성할 충]과 함께 한 국가가 살아 나가는 가장 중요한 덕목으로 간주했던 이유이기도 하다.

*

믿을 신²

07
과학의 시초

7.01.

기억의 보조수단 등장

—숫자數와 십진법

문명 발생의 기초 조건이라 말해지는 수(數)의 역사를 추적해 보는 것은 사뭇 흥미로운 일이 아닐 수 없다. 기록에 의하면 가장 원시적 단계의 수의 표기는 새끼줄에 매듭을 묶거나 나무에 홈을 파는 형태로 나타났다고 한다. 물론 이들은 이후 숫자 표시뿐만 아니라 간단한 사건을 기록하기 위한 기억의 보조 수단으로도 사용되었다.

새끼 매듭은 달리 결승(結繩), 나무 홈 새김은 서계(書契)라 한다. 숫자나 사건을 기록하기 위한 수단으로 사용되었던 새끼 매듭은 비단 중국뿐만 아니라 잉카 제국이나 일본 등 세계 여러 나라에서 공통으로 사용되었다. 중국의 경우는 數[셈 수][1]를 그림과 같이 그려, 왼쪽 부분은 매듭을 여러 개 지어 놓은 모습을 그렸고, 오른쪽은 손으로 매듭을 짓는 모습을 표현했다.

셈 수[1]

특히 왼쪽의 경우 매듭과 함께 화(禾)가 들어 있는 것으로 보아 매듭에 사용되었던 줄은 바로 다름 아닌 새끼였던 것으로 추정된다. 그러므로 숫자를 통칭하는 개념의 수(數)는 새끼 매듭의 전통에서 생겨났다 할 수 있다.

契[계약서/새길 계]는 원래 계(㓞)로 표기하였는데, 도(刀)는 칼을, 봉(丰)은 나무새김을 그렸다. 이후 두 손을 형상한 廾(이후 大로 변함)이 첨가되어 지금처럼 변했다. 중국의 한 라후족 마을에서는 4천2백 마리의 닭을 표시하기 위해 나무 기둥에다 측면에 4개, 정면에다 20개의 홈을 새긴 후 닭털을 쑤셔 넣어 놓은 것이 발견된 것으로 보아, 이 글자는 처음에는 주로 수의 표기에 사용되었고 시간이 지나면서 중요한 사건의 기록, 즉 계약이라는 의미로 발전하게 된다.

한편, 갑골문 시대인 기원전 13세기 경 이미 만(萬) 단위 이상의 구체적 숫자 및 추상적 개념의 '수(數)'도 출현한 것으로 보인다. 수(數)는 그림과 같이 그려, 왼쪽 부분은 매듭을 여러 개 지어 놓은 모습을 그렸고, 오른쪽은 손으로 매듭을 짓는 모습을 표현했다. 특히 왼쪽의 경우 매듭과 함께 화(禾)가 들어 있는 것으로 보아 매듭에 사용되었던 줄은 바로 다름 아닌 새끼였던 것으로 추정된다. 그렇다면 숫자를 통칭하는 개념의 수(數)는 바로 새끼 매듭을 짓는 모습을 그림으로써, 숫자의 표시가 이로부터 발달해 온 것임을 알 수 있다.

또한 현대 과학의 초석이 된 10진법의 사용이 이미 갑골문에 나타나고 있다는 사실도 주목할 만하다. 예컨대, 235라고 하면 '200과 30과 5'(二百又三十又五)와 같은 표현법을 쓰고 있다. 뿐만 아니라 1주일도 10일 단위로 계산하고 있다. 이와 같은 십진법의 사용은 976년에 한 스페인 사람에 의해 써진 원고에서 그 존재가 확인되는 서양에서의 역사와 비교해 볼 때 무려 2천3백여 년이나 앞선다.

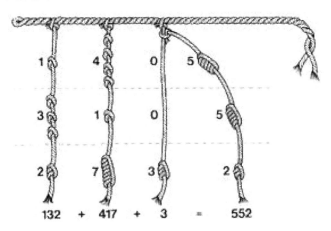

페루에서 출토된 퀴푸(quipu) 모형도. 이는 정보저장을 위한 효과적 수단이었으며 잉카제국의 행정은 이것에 대거 의존했다.

7.02.

첫째를 나타내는 여러 가지 글자
―서수序數와 간지干支

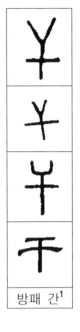

방패 간[1]

숫자 체계는 기본적으로 기수(基數)와 서수의 둘로 나뉜다. 기수가 수량을 나타내는 것이라면 서수는 순서를 나타내는 숫자를 말한다. 한자에서 순서를 나타내는 숫자의 경우, 지금은 보통 정수 앞에다 第[차례 제]를 붙여 제일(第一), 제이(第二), 제삼(第三) 등의 형식으로 쓰지만 고대 중국에서는 간지자를 사용해서 표현했다. 즉 갑자(甲子), 을축(乙丑), 병인(丙寅) 등의 형식이 그것이다.

간지(干支)는 천간지지(天干地支)의 줄임말이다. 여기서의 干[1] [방패 간]은 원래 방패의 모습을 그렸지만, 여기서는 몸체라는 뜻의 幹[몸 간]과 같으며, 支[2] [가지 지]는 가지를 뜻하는 枝[가지 지]와 같은 뜻으로 쓰였다. 그래서 간(干)이 양(陽)의 상징이라면 지(支)는 음(陰)의 상징이다.

잘 알고 있다시피, 천간에 해당하는 것은 총 10개로, 갑(甲)・을(乙)・병(丙)・정(丁)・무(戊)・기(己)・경(庚)・신(申)・임(壬)・해(癸)가 그것이고, 지지는 총 12개로 자(子)・축(丑)・인(寅)・묘(卯)・진(辰)・사(巳)・오(午)・미(未)・신(辛)・유(酉)・술(戌)・해(亥)로 이루어져 있다. 이들이 서로 합쳐지면 모두 60개가 되고, 하나의 주기가 이루어지게 된다. 환갑(還甲)이니 회갑(回甲)이니 하는 것은 바로 이 60개의 주기가 한 바퀴 다 돌았다는 뜻이다.

이 중 특히 처음을 나타내는 서수는 종종 '첫째'가 가지는 중요성 때문에 여러 가지 한자를 사용하여 그 의미를 강조하기도 했다. 그 예로, 長[길/어른

장], 首³[머리 수], 元⁴[으뜸 원], 頭[머리 두], 初[처음 초], 起[일어날 기] 등을
들 수 있다.

즉 맏아들, 맏손자를 장자(長子), 장손(長孫)이라 하며, 한해의 시작인 음력
정월(正月)을 수세(首歲)라 하고, 여러 사람 가운데서 제일 먼저 시를 읊는
것을 수창(首唱)이라 한다. 또 과거 시험에서의 1등을 장원(壯元)이라 하고,
군인의 가장 높은 계급을 원수(元首), 새해의 첫 아침을 원단(元旦)이라 한다.

그런가 하면, 한 달의 처음 10일을 초순(初旬)이라 하며, 한 단어의 첫 자음
을 두음(頭音), 1등을 달리 두등(頭等)이라 한다. 또 시의 구성을 말할 때 기
승전결(起承轉結)이라는 말을 자주 쓰는데, 기(起)는 특히 율시(律詩)에서 첫
두 구를 지칭한다. 또 우리에게는 홍콩 영화를 통해 많이 알려져 있는, 큰
형님을 뜻하는 현대 중국어 '다꺼[大哥]'의 대(大)도 '처음'을 나타내는 한자이
다.

Ұ	*		
Ұ	支		
Ұ			
干	支	首	元
방패 간¹	가지 지²	머리 수³	으뜸 원⁴

간지표가 새겨진 갑골문. 『갑골문합집』 제37986편.

8이 들어가는 날에 결혼하지 않는 이유
—숫자와 금기禁忌

어느 민족을 막론하고 그 문화 속에는 구체적 표현을 꺼리는 금기어(taboo)가 있으며, 일반적으로는 성(性)이나 죽음, 배변(排便) 등에 관한 어휘가 금기어로 설정되곤 한다. 이러한 어휘만큼 강력한 문화적, 전통적 정서는 갖지 못하지만, 숫자의 경우도 예외는 아니다.

한 예로, 서양에서는 13을 그리스도의 죽음과 관련시켜, 한국에서는 4를 死[죽을 사]와 연관시켜 아주 불길한 수로 여긴다. 그래서 불과 얼마 전까지만 하더라도 우리나라 건물, 특히 병원에서의 4층, 노선버스의 4번이나 44번 등을 사용하지 않는 경우가 허다했다. 중국의 경우, 그들이 금기시 하는 수는 오히려 칠(七)과 팔(八)이다.

七[일곱 칠]은 갑골문 단계에서는 십(十)과 유사한 가로획이 긴 구조였으나, 이후 10을 표시하는 십(十)과 유사함으로 해서 지금처럼 고쳐 쓰게 되었다. 칠(七)은 切[벨 절]의 구조 속에 칠(七)이 소리부로 기능하는 까닭에, 언제나 절(切)과 연계 지어졌다. 절(切)은 '칼로 자르다'는 뜻이다. 그래서 고대 중국에서는 칠월(七月)을 죄인을 참형(斬刑)하는 달로 정해 두었는가 하면, 복건성이나 대만, 하남성 지역에서는 칠일(七日)이 되면 외출을 삼가는 습속도 있었다. 뿐만 아니다. 사람이 죽으면 7일, 14일, 21일 등 7의 배수에 해당하는 날에 제사를 치르며, 7의 7배수인 49일째 되는 날은 '칠재(七齋)'라 하여 성대한 제사를 치르기도 한다.

八[여덟 팔]은 어떤 물건을 두 부분으로 나누어 놓은 형상이다. 그래서 팔

(八)이 들어가면 의미상 나눔과 관련을 가진다. 예컨대 分[3][나눌 분]은 칼[刀]로 두 조각으로 나눈 모습[八]을 형상했고, 半[4][절반 반]은 소[牛]를 두 쪽으로 나누어 놓은 모습을 형상했다. 그래서 팔(八)은 '나누어지다'는 뜻으로 이별의 상징으로 쓰이기도 하여, 어떤 지역에서는 이날에는 결혼을 하지 않는다 한다. 그래서 현대 중국어에서는 칠(七)과 팔(八)이 함께 연결되어 숙어로 쓰이면 대체로 어지럽거나 혼란한 상태를 나타내는, 좋지 않은 뜻으로 쓰이고 있다.

그러나 시대에 따라 금기도 변하는 법, '8'이 지금은 중국 사람들이 가장 좋아하는 숫자로 변했다. 그것은 '돈을 벌다', '부자가 되다'는 뜻의 '파차이(發財)'의 '파(發)'의 발음이 '팔(八)'과 같아 '부자가 되다'는 것을 상징하였기 때문이다. 그래서 지금은 휴대폰 번호나 자동차 번호 등에서 '8'이 중복되는 '8888'이나 '8888-8888' 등은 부르는 게 값일 정도로 선호하는 숫자이다.

일곱 칠[1]	여덟 팔[2]	나눌 분[3]	절반 반[4]

7.04.

전자계산기를 앞서는 주산

—셈算과 주산

*

수/셈
산[1]

현대 문명의 상징인 전자계산기가 처음 나왔을 때 그것은 지금까지 사용되어 왔던 셈 계산을 대신할 기적의 발명품으로 생각되었다. 하지만 아직도 중국을 비롯한 여러 나라에서는 주산이 여전히 전자계산기 못지않은 중요한 셈틀로서의 지위를 지키고 있고, 속도 경쟁에서 전통적 주산이 오히려 전자계산기를 앞서고 있다 한다. 물론 단순한 셈 계산을 대상으로 한 것이긴 하지만 말이다.

동양의 전통적 셈틀인 주산이 나오기 전, 셈계산은 산판(算板)에 의지했다. 즉 산판의 빈 공간에다 산목(算木)을 놓아 표시했다. 즉 오른쪽에서 첫 번째 칸은 1단위를, 두 번째 칸은 십 단위를, 세번째는 백 단위를 나타내며, 이에다 산목을 놓은 식으로 계산했다. 그리하여 205라고 하면 가장 왼쪽 칸에다 산목 5개를, 왼쪽으로부터 두 번째 칸은 비워 두고, 세 번째 칸에는 산목 2개를 놓는 식으로 사용했던 것이다. 여기서의 算[1][수/셈 산]은 원래 산가지를 뜻하는 죽(竹)과 눈의 모습인 목(目), 두 손을 형상한 공(廾)으로 구성되어, 산가지로 숫자 셈을 하고 있는 모습을 그렸으며, 이후 '계산하다'는 뜻으로 사용된다.

이러한 산판의 발달된 형태가 바로 주판이다. 중국은 주판의 고향이라 불릴 만큼 주판이 발달했던 나라이다. 중국에서 가장 큰 주판은 천진(天津)의 달인당(達仁堂)이라는 한약방이 소장하고 있는 것으로, 길이가 자그마치 3미터 6센티, 폭이 26센티미터에 이르고, 가름대가 무려 117개나 되는 주판이다. 또

한 상해에 있는 주판 박물관에서는 갖가지 희귀한 주판들을 전시하고 있다. 그곳에는 몇 명이 함께 쓸 수 있는 다인용(多人用) 주판이 있는가 하면 손마디 크기의 순금으로 된 주판도 있다. 이렇듯 주판은 중국인들의 사랑을 받아 왔고 그들의 자부심을 나타내기도 한다. 그래서 혹자는 주판을 인쇄술과 조지술(造紙術), 화약(火藥), 나침반과 함께 거론할 만큼 중요한 발명품으로 간주하기도 하였다.

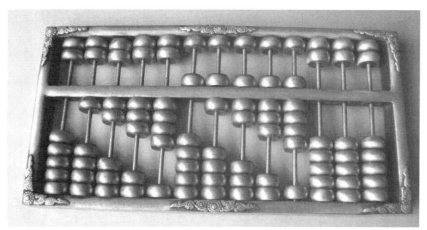

중국의 주판

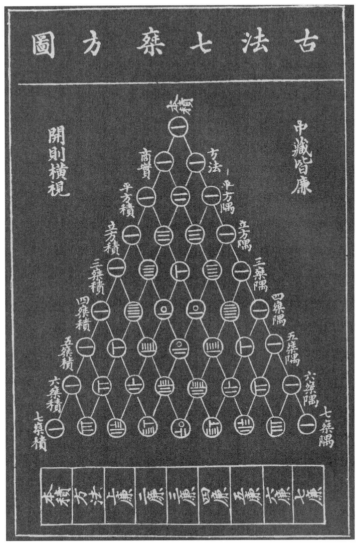

'파스칼의 삼각형'은 블레즈 파스칼(1623~1662)이 발견한 것이 아니라 중국에서 고안된 것이다. 이 그림은 원나라 때의 수학자 주세걸(朱世杰, 1249~1314)의 『사원옥감(四元玉鑑)』(1303년)에 있다. 설명문에서는 이 삼각형을 '고법(古法)'이라고 했다. 1100년에 북송의 수학자 가헌(賈憲)이 설명했고, '이항 계수를 분명히 하는 표의 작성법'이라 불렸다. 로버트 템플, 『그림으로 보는 중국의 과학과 문명』, 161쪽

7.05.

청동기 문화의 산실

—금金과 청동

*

쇠/금
금[1]

중국은 청동기 문화가 매우 발달했던 나라이다. 그것은 1976 년 은나라 때 부호(婦好)라는 한 여인의 무덤에서 무려 470여 점의 청동기가 쏟아져 나온 것만 보아도 알 수 있는 일이다.

이 화려했던 고대 중국의 청동기 문화의 청동 제조법이 반영 된 글자가 바로 金[1][쇠/금 금]이다. 지금은 황금이라는 뜻으 로 더 많이 쓰이지만 옛날에는 '청동(靑銅)'을 지칭하는 단어 로만 쓰였다. 그래서 청동기에 새겨진 문자를 금문(金文)이라 하며, 의미가 확대되긴 했지만 아직도 쇠를 대표하는 글자로 쓰이고 있다. 그래서 쇠, 즉 금속과 관련된 글자는 모두 이를 부수로 삼고 있다.

금(金)의 자형에 대한 해석은 여러 가지가 있을 수 있으나, '청동'이라는 원래 뜻과 연계시켜 볼 때 이는 청동 기물의 주조를 위해 만든 틀, 즉 거푸집의 모양을 형상한 것임이 분명하다.

이는 鑄[2][부어 만들 주]나 割[3][벨 할]을 보면 쉽게 이해된다. 주(鑄)는 두 손으 로 청동을 녹인 쇳물을 담은 용광로를 뒤집이 거푸집(金) 위로 뭇고 있는 모 습이다. 자연 주조하고 있는 모습을 형상한 것이다. 할(割)은 금(金)과 유사한 거푸집을 칼로 자른다는 뜻이다. 주물을 하고서 굳어진 후 거푸집을 묶어 놓았던 새끼줄을 자른다는 뜻이다.

고대 중국의 청동 제조법이 다름 아닌 거푸집을 사용했다는 것은 문화사적으로 중요한 의미를 가진다. 이러한 중국의 청동 주조법은 서양의 밀랍을 사용한 방법과 다르며 서양의 밀랍 주조법은 적어도 전국시대에나 이르러 나타나고 있기 때문에, 이전에 이야기되었던 청동의 서양 전래설을 부정할 수 있으며 청동의 주조가 중국의 독자적인 것으로 해석될 수 있는 근거를 마련해 주기 때문이다.

	*
부어만들 주[2]	벨 할[3]

청동을 제련하고 있는 모습. 한나라 때의 화상석. 『중국고대사회』 149쪽.

가마솥[釜]을 제작하는 모습. 『천공개물』 165쪽.

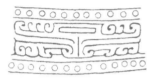

도철(饕餮)무늬. 중국 청동기의 가장 대표적인 문양으로, 상나라부터 서주시기의 청동기에 집중적으로 나타나며, 보통 번개무늬가 안받침 무늬로 함께 쓰이고 있다. 상상의 동물로, 보통 큰 눈과 코, 입, 양쪽으로 갈라진 눈썹이 뚜렷하게 그려져 있고, 도안화 된 몸통과 꼬리로 구성되어 있다. 재물을 탐내는 것을 도(饕)라 하고 먹을 것을 탐내는 것을 철(餮)이라 하는 것처럼 도철은 '탐욕의 짐승'으로 알려져 있으며, 이를 청동기물의 주된 문양으로 삼았던 것은 물욕에 젖기 쉬운 인간에 대한 경고로 보인다.

7.06.

점토로 만든 투명한 유리병

—도기陶와 자기瓷

"거울처럼 맑고, 백옥 같이 희며, 종이처럼 얇고, 울리듯 소리 내는" 자기(瓷器)는 중국인들의 자랑스러운 발명품 중의 하나이다. 자기가 처음 서구 사회에 전해졌을 때 그들은 이 반투명성의 자기를 보고 '중국에는 대단히 뛰어난 점토가 있는데, 이로 병을 만들면 유리병처럼 투명해 진다. 그리고 물을 넣으면 물이 훤히 들여다보인다. 유리도 아닌, 점토로 만들었는데 말이다'라고 끝없는 경탄만 자아냈다고 아라비아 상인 슬레이먼은 기록하고 있다. 851년의 일이었다. 점토는 분명 불투명성인데 어떻게 그것이 가능하단 말인가? 믿을 수가 없었다.

하지만 그것은 다름 아닌 고령토(高嶺土)에 그 비밀이 있었다. 고령토는 고온에서 구우면 물리적 구조가 변하여(자기화) 반투명으로 변한다. 게다가 중국 도공들은 순수 고령토에다 백토자(白土子)라는 것을 넣었다. 도토(陶土)라고도 불리는 백토자는 자기화의 온도를 낮추고 투명도를 높이는 기능을 한다. 서구 사회에서 이러한 기술을 전수 받아 비밀을 해독해 낸 것은 18세기의 일로, 중국에서 자기가 발명된 지 무려 최소한 1700년이 지난 후의 일이었다.

여기서 말하는 고령토는 중국 최고, 최대의 도자기 생산지인 강서성 경덕진(景德鎭)의 서북쪽에 있는 고령(高嶺)이라는 산에서 나는 흙을 말한다. 백토자는 화성암이 수천 년 세월에 걸쳐 점토로 변할 때 생기는 중간 생성물이다. 중국인들이 오랜 세월 동안 지켜 왔던 자기의 비밀 덕분(?)에 '고령토'와

질그릇
도[1]

'백토자'는 각기 중국식 음역 이름인 'kaolin'과 'petuntse'라는 어휘로 영어에 남게 된다.

陶[1][질그릇 도]는 쭈그리고 앉은 사람이 그릇 만드는 도구를 들고 점토를 빚고 있는 모습을 형상했다. 소전 단계에서는 흙으로 빚었다는 의미에서 阜(= 阝)[언덕 부]를 첨가하여 지금처럼 되었다. 자기는 여기에다 유약을 발라 높은 온도에서 구워낸 것이다. 瓷[오지그릇 자]는 기와 혹은 불에 구운흙을 통칭하는 瓦[기와 와]가 의미부이고 次[차례 차]가 소리부이다.

釉[유약 유]는 采[채색 채]가 의미부이고 由[말미암을 유]가 소리부이다. 채(采)는 채색(彩色)이라는 의미로 볼 수 있고, 유(由)는 소리부이지만 기름[油]이라는 의미와도 관련을 가진다. 그리고 도자기를 굽는 곳을 窯[가마 요]라고 한다. 요(窯)는 穴[구멍 혈]이 의미부이고 羔[새끼 양 고]가 소리부이다.

어쨌든 도자기는 중국의 상징, 특히 서구인들에게는 중국의 대표적 상징물로 인식되었다. 그래서 그들은 'China'라는 중국의 나라 이름으로써 도자기를 불렀다. 즉 서구인들은 도자기가 처음 수입되었을 때 이를 'chinaware'라 불렀는데, 그것은 '중국에서 온 물건'이라는 뜻이었으며, 이로부터 'china'라고 소문자 표기로써 '도자기'를 나타내었다.

강서성 경덕진(景德鎭) 전경. 가장 대표적인 중국 도자기 산지이다.

도자기 빚기와 굽기.
『천공개물』145~46쪽.
'자기는 융해된 점토에
유약이라는 유리질
물질을 발라 약
1,280도의 고온에서
구운 것이다. 자기
제조의 비밀은 순수한
점토인 고령토의
사용에 있다. …
송나라 때에는 자기
제조가 고도로
조직화되었고 분업도
진행되어, 점토의
세척을 전문으로 하는
사람, 유약만 칠하는
사람, 가마를 돌보는
전문가 등이 있었다.

발굴된 당시의 가마 중에는 한 번에 2만5천 개의 자기를 구울 수 있는 것도
있었다. 그것은 산의 경사면에 있었는데 15도의 완만한 경사였으므로 불이 가마로
올라가는 속도를 줄일 수 있었다. 세련된 가마의 구조는 대단히 인상적이었다. …
자기 제조의 비밀은 조심스레 지켜져 왔으며, 마르코 폴로와 같은 유럽의
방문자들은 자기를 대하자 놀란 입을 다물지 못할 정도였다. … 포르투칼인에 의해
고령토의 견본이 유럽으로 들어 간 것이 1520년 무렵, 자기가 제품화 된 것은
18세기에 이르러서야 가능했으니 그것은 중국인의 발명 보다 1,700년 뒤의
일이었다.'『그림으로 보는 중국의 과학과 문명』155~61쪽.

7.07.

한 지붕 아래 가축과 동거동락

—궁宮과 집家

중국의 기후 조건에 비추어 보아 고대 중국인들에게 가장 적합했던 가옥 구조는 아마도 반지하식이었던 것 같다. 담을 쌓기보다는 파 내려가는 편이 훨씬 쉬웠고 반지하식이다 보니 겨울의 추위도 피할 수 있었기 때문이다.

이러한 반지하식의 집을 나가는 모습을 담은 글자가 바로 出[1][나갈 출]이다. 이의 윗부분은 발이고 아랫부분은 반지하식의 거주지이다. 이후 건축술의 발달과 함께 거주 형태가 땅위로 올라옴에 따라 육상 건축물을 축조하기 시작했다. 向[2][방향 향]은 집의 출구를 그린 것에서 '방향'이라는 뜻을 가지게 되었다. 宮[3][대궐 궁]은 집에다 창문을 뚫어 놓은 모습이요, 高[4][높을 고]는 높다란 건축물을 세워 놓은 모습이다.

나갈 출[1]

또 家[5][집 가]는 집[宀]과 돼지[豕]로 구성되어 있다. 돼지는 심지어 인간의 인분까지도 먹을 수 있는 잡식성 가축이자, 가죽과 많은 양의 육 고기를 제공할 수 있음으로 해서 유용한 가축으로 사육되어 왔다. 이러한 특성으로 인해 돼지는 어느 가축보다 인류 가까이에서 생활하게 되었고, 그 결과 초기 단계의 사옥 구조는 돼지와 인간이 함께 생활하도록 설계되었지 않나 생각된다.

지금도 운남성 일부에서는 위층에서는 사람이 거주하고 반지하층에서는 돼지를 키우는 가옥 구조를 볼 수 있다. 바로 이런 이유로 해서 가(家)는 사람이 사는 '집'이라는 뜻을 가지게 되었다. 이후 이러한 구조는 조금 변화되어 뒷간과 돼지우리를 합쳐 집 바깥으로 독립시켰다. 그래서 돼지가 우리 속에 들어 있는 모습인 溷[뒷간 혼]으로 '뒷간'이라는 의미를 나타내었다. 물론 水 [물 수]는 이후에 첨가된 부분이다. 이 가옥 구조는 우리나라에서도 최근까지 제주도에서 존재했던 모습이기도 하다.

궁(宮)과 가(家)가 원래는 모두 '집'이라는 뜻이었으나, 진시황 때에 이르러 궁(宮)이 황제가 사는 '궁궐'의 의미로 축소 사용되자 가(家)는 '일반 집'을 나타내는 명사로 쓰이게 되었다.

방향 향[2]	대궐 궁[3]	높을 고[4]	집 가[5]

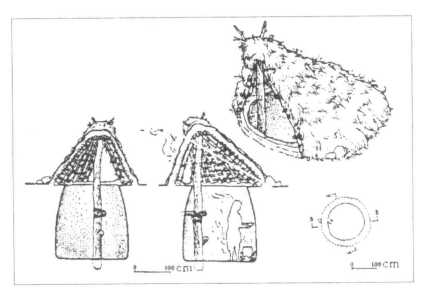

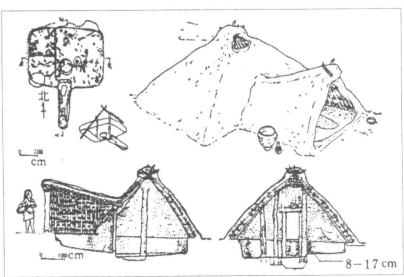

초기 앙소문화 유적지의 가옥구조 복원도. 위는 하남성 안양 언사(偃師) 탕천구(湯泉溝)
H6 유적지의 복원도. 아래는 섬서성 서안 반파(半坡) F41 유적지의 복원도. 허진웅,
『중국고대사회』 264쪽.

7.08.
문짝의 수로 구분되는 글자
—지게문戶과 문門

문을 나타내는 한자에 戶[지게문/집 호]와 門[문 문]이 있다. 전자는 한 짝으로 된 문을 말하는 반면 후자는 두 짝으로 된 문을 형상한 글자이다. 문[門]에 달[月]이 비쳐 달빛이 스며들어 오는 것을 형상한 글자가 閒[틈 한/사이 간]이다. 달빛[月]이 이후 햇빛[日]로 바뀌어 오늘날의 間[사이 간]으로 변했다. 그래서 간(間)은 '틈'이나 '사이'라는 뜻을 갖게 되었다. 또 문[門]에다 귀[耳]를 대고 엿듣고 있다는 뜻을 형상한 글자가 聞[들을 문]이다.

지게문/
집 호[1]

옛날, 대문은 지금보다 훨씬 중요한 역할을 했다. 안과 밖을 구분해 주는 장치이기도 했고, 자신과 가족과 민족을 지켜주는 상징이기도 했다.

대문[門] 빗장[一]을 두 손으로 열고 있는 모습을 그린 것이 開[열 개]이다. 이의 반대 개념을 가지는 閉[닫을 폐]는 형성자로서 의미부인 문(門)과 소리부인 才[재주/겨우 재]가 합쳐 만들어진 글자이다. 또 關[문빗장 관]은 문[門]에 빗장을 두 개 질러 놓은 모습을 그린 글자이다. 여기서 '문을 닫다'는 뜻이 생겼고 또 이로부터 문이 설치된 관문이나 국경 요새라는 뜻도 생겨나게 되었다. 예컨대 만리장성의 동쪽의 시작인 산해관(山海關), 서쪽 끝인 가욕관(嘉峪關), 옛날 중국 서부 지역과 중원 지역을 갈라놓은 경계인 함곡관(函谷關), 북쪽 이민족과의 경계의 상징으로 인식되었던 옥문관(玉門關) 등은 고대 중국의 대표적 관문이라 하겠다. 현대 중국어에서 세관이라는 단어를 바다로 통하는 관문이라는 뜻의 '해관(海關)'이라 표현하는 것도 바로 이러한 의미에서다.

문(門)의 반쪽만을 그린, 즉 문 한 짝만을 그린 글자가 호(戶)이다. 호(戶)가 사람이 드나들 수 있는 곳이라는 뜻으로부터 '집의 출입문'이라는 뜻을 갖게 되었으며 이후 '집'이라는 뜻까지 가지게 되었다. 이 지게문[戶]을 손으로 열어젖히고 있는 모습을 형상한 것이 啓[6][열 계]이다. 계(啓)는 처음에는 호(戶)와 攵[칠 복](攴의 다른 글자로 손으로 채를 쥐고 있는 모습이다)으로 구성되어 손으로 문을 열고 있는 모습을 형상한 글자였으나 이후 口[입 구]가 첨가되어 오늘날과 같이 변했다.

門	*	*	*	戶
門	門	開	闌	啟
門	閒	開	闗	啟
門	閒	開	闢	啟
문 문[2]	틈 한/사이 간[3]	열 개[4]	문빗장 관[5]	열 계[6]

'천하제일관'이라 불리는 산해관(山海關). 만리장성의 동쪽 시작 부분이다.

가욕관(嘉峪關). 만리장성의 서쪽 끝 부분이다.(위키백과)

7.09.
최고의 잣대, 신체를 이용한 길이 단위
—도량형度量衡: 길이

도량형(度量衡)은 각각 길이, 부피, 무게를 뜻한다. 그중에서도 가장 기본이 되는 것은 아무래도 길이를 나타내는 단위일 것이다. 부피나 무게 단위에 비해 가장 상세하고 다양하게 나타나는 것이 이의 한 증거일 것이다. 고대 중국인들의 경우, 길이를 재는 잣대로 가장 쉽게 이용할 수 있었던 것은 아무래도 손이나 발 등, 인간의 신체의 일부였을 것이다.

예컨대 중국의 전통적 길이 단위에서 가장 기본이 되는 尺[1][자 척]은 손가락을 벌렸을 때의 엄지와 검지 사이의 거리[한 뼘]를 말하는데, 현존하는 상나라 때의 상아로 만든 자[尺]의 길이는 약 15.8센티로 알려져 있다. 하지만 한나라에 들어서는 엄지와 중지 사이의 거리를 말한 때문인지 1척이 약 22센티 정도 되었다고 한다.

자 척[1]

특수한 단위이긴 하지만 8척을 의미하는 臬[2][말뚝/과녁/해시계 얼]도 있다. 이는 당시에는 사람의 코를 뜻했던 自[스스로 자]와 나무를 뜻하는 木[나무 목]으로 구성되어 '나무 말뚝'이 원래 뜻이다. 여기서의 말뚝은 다름 아닌 활쏘기를 위한 '과녁'으로 쓰이기노 했고, 해 그림자를 측정해 시간을 잴 수 있는 '해시계' 역할도 함께 하도록 고안된 것이었다. 이러한 다용도의 나무 말뚝은 보통 사람의 코 높이로 세웠고, 고대 중국에서 사람의 코 높이는 8척으로 인식했다. 그래서 얼(臬)이 8척을 의미하기도 한다.

척(尺)보다 작은 단위로서 寸[3][마디 촌]이 있는데, 이는 손가락 옆에 짧은 가로획을 그려 형상한 글자로, 손가락의 한 마디의 길이를 의미한다. 일반적으로 10촌이 1척에 해당한다. 이에 비해 '보통 여인의 손 길이로 대략 8촌에 해당하는'(『설문해자』) 咫[적을 지]가 있는데, 이는 소리부인 只[다만 지]와 의미부인 尺으로 구성되어 이 글자 역시 尺에서 파생된 길이 단위임을 알 수 있다. 그리고 丈[길이 장]은 사람의 팔의 모습을 그렸으며, 보통 10척(尺)이 1장(丈)에 해당한다.

또 尋[4][찾을 심]이라는 단위가 있는데, 이는 양팔을

	*		
*		*	
*			
말뚝/과녁/해시계 얼[2]	마디 촌[3]	찾을 심[4]	걸을 보[5]

활짝 벌려 어떤 물건의 길이를 재는 모습을 형상한 것으로, 양팔 간의 거리를 말하며, 보통 8尺의 길이에 해당한다. 그리고 肘[팔꿈치 주] 역시 肉[고기 육]이 들어 있는 것으로 보아 사람의 신체와 관련되어 있음을 알 수 있다.

步[5][걸을 보]는 두 발이 어긋나게 표현되어 걸어가는 모습을 그렸고, 이로부터 두 발 사이의 거리를 표현하는 단위로 쓰였다. 1보(步)가 얼마나 되는지에 대해서는 문헌마다 다르긴 하지만 『사기』에 의하면 6척이라 했다. 그리고 이러한 보(步)가 300개 모인 거리가 里[마을 리]이다. 만약 한나라 때의 계산법에 의한다면, 1척이 약 22센티이니, 1보(步)는 132센티, 1리(里)는 약 396센티가 되는 셈이다. 척(尺)은 지금과 다소 다르지만 리(里)는 현재의 쓰임과도 여전히 거의 일치하고 있음을 알 수 있다.

거리 계산 수레. 매우 특이하게 고안된 수레이다. 커다란 북을 실려 있고, 목상(木象)을 세워 1리(里)를 갈 때마다 한 번씩 북을 자동으로 치도록 설계되었다. 행차를 나갈 때 울리는 북소리의 합계를 통해 전체 거리는 물론 시간과 속도까지도 알 수 있도록 했다. 이는 변속 톱니바퀴를 응용한 것으로, 수레의 움직임을 따라 내장된 각종 크기의 톱니바퀴를 움직여 길이를 계산하고 자동으로 목상을 치도록 고안되었다. 하남성 당하(唐河)에서 출토된 화상석.

7.10.
진시황, 도량형 단위를 통일하다
—도량형度量衡: 부피와 무게

우리가 익숙한 센티(cm), 미터(m), 킬로그램(kg), 리터(l) 등은 모두 서구의 도량형 단위이다. 하지만 동양권에서도 체계적인 도량형은 서구와 독립적으로 매우 일찍부터 발달해 왔다. 중국에서는 주(周)나라 때에 이미 도량형을 관리하는 전문 관직이 설치되었다. 그러다 춘추전국시대에 들어 여러 나라로 분열되면서 나라마다 도량형 단위가 다 제각각으로 달라졌다. 이후 진시황이 다시 중국을 통일하면서 문자의 통일과 함께 도량형도 통일하게 된다.

이때 확정된 도량형의 기본 단위로서, 度[법도 도/헤아릴 탁]는 길이 단위, 量[헤아릴 량][1]은 부피 단위, 衡[저울 형]은 무게 단위를 말한다. 이때 부피를 의미하는 양(量)은 양끝을 동여매어 놓은 자루와 네모꼴의 깔때기를 함께 그려 자루 속에 담긴 내용물의 양을 용기로 잰다는 의미를 나타내었다.

헤아릴
량[1]

고대 중국에서 주로 사용했던 부피 단위로는 升[2][되 승]과 斗[3][말 두], 斛[휘/열 말들이 곡], 龠[피리 약], 合[합할 합] 등이 있다. 승(升)은 바닥이 얕은 국자 속에 어떤 물체가 들어 있는 모습을, 두(斗)는 술 같은 것을 담는 국자 모양을 형상했다. 1말[斗]는 10되[升]요, 10말이 1휘[斛]이다. 또 약(龠)은 가로·세로가 각각 9分(1/100尺)이고 깊이가 1촌(寸)(1/10尺)에 해당하는 용기의 부피이며, 1합(合)은 2약(龠)을 말한다고 했다.

또 고대 중국인들이 무게를 달 때 사용했던 기구를 천평(天平)이라 하는데,
平[평평할 평]은 저울의 양끝에 물건이 놓여 있는 모습으로, 양끝의 수평을
유지함으로써 무게를 달고 있는 모습을 그렸다. 여기서부터 '평평하다'나 '평
균'이라는 뜻이 나왔다. 그리고 稱[일컬을 칭]은 한 손에 물건을 들고서 무
게를 짐작해 보는 모습을 그렸다. 원래는 禾[벼 화]가 첨가되지 않은 형상이
었으나 이후 무게를 달아야 했던 가장 중요한 대상이 곡물임으로 해서 지금
처럼 화(禾)가 더해지게 되었다. 고대 중국에서 주로 쓰였던 무게 단위로는
兩[둘 량](24銖), 斤[도끼 근](16兩), 鈞[서른근 균](30斤), 石[돌 석](4鈞) 등이 있
다.

| 되 승[2] | 말 두[3] | 평평할 평[4] | 일컬을 칭[5] |

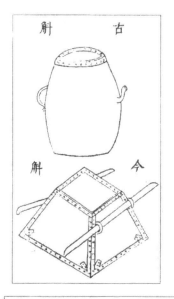

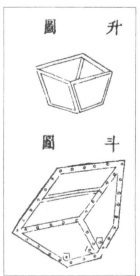

윗줄 왼쪽은 양(量)(『삼재도회』 1093, 1111쪽), 오른쪽은 되[升]와
말[斗](『삼재도회』 1113쪽), 아래쪽 왼쪽은 10말들이 용기인
휘[斛](『삼재도회』 1112쪽), 오른쪽은 저울[天平](『삼재도회』 1332쪽)이다.

08
미학적 상상력

8.01.

미의 출발이 된 양

―양羊과 아름다움美

양 양[1]

양은 말과 소, 돼지, 개, 닭과 함께 6대 가축 중의 하나로 매우 일찍부터 인간에게 사랑을 받아 온 가축이다. 수렵 단계의 원시인들에게 양은 매우 중요했다. 양의 고기와 젖은 그들에게 양식을 제공했으며, 가죽은 추위를 막는데 최상품이었다. 더군다나 양은 군집 생활을 하고 성질 또한 온순하기 때문에 정착 농경시대에 접어든 인간의 입장에서 가축으로 기르기에 더할 나위 없이 적합한 동물이었기 때문이다.

羊[1][양 양]은 양의 모습을 그린 것으로, 곡선 모양의 뿔이 특징적으로 그려졌다. 양은 그 어떤 다른 가축들 보다 무리 지어 다니며 군집 생활을 하는 것이 그 속성인데, 이러한 속성이 반영된 글자가 群[무리 군]이고, 그래서 '무리'라는 뜻을 갖게 되었다. 물론 君[임금 군]은 소리부이다.

美[2][아름다울 미]는 사람의 정면을 그린 大[큰 대]와 양(羊)으로 구성되어 있은 즉, 원시 축제 때 당시의 생활에 여러 모로 많은 도움을 주었던 양가죽을 덮어쓰고 '아름답게 치장하여' 춤추는 모습이 반영된 글자다. 물론 대(大)를 달리 '크다'는 뜻으로 해석하면 미(美)가 '큰 양'이라는 뜻이 되고, 살찌고 큰 양이 당시 사람들에게 '좋고' '훌륭하게' 느껴졌을 것이며, 이로부터 '아름답다'는 뜻이 생겨난 것으로 해석할 수도 있다.

하지만 대(大)가 원래는 사람의 정면 모습을 형상한 글자임을 고려한다면 '양가죽을 덮어쓰고 춤추는 모습'이 더욱 원래 의미에 가깝다고 하겠다. 즉 양이 가축화되기 이전의 원시인들은 야생 양을 붙잡기 위해 양의 속을 파내고 그 껍질을 덮어쓴 채 양으로 위장하여 숨어 있거나 양떼에 살금살금 다가가 잡곤 했을 것이다. 그러므로 그 당시, 가장 생활과 밀접하고 많은 도움을 주는 양을 잡아서 다른 이들에게 제공해 줄 수 있는 사람은 그 사회에서 칭송과 부러움의 대상이었을 것임은 미루어 짐작할 수 있다. 따라서 그들의 축제는 필시 자신의 능력을 인정받고자 양가죽을 덮어쓰고 춤추는 사람을 중심으로 이루어졌을 것이다.

이렇게 본다면, 양이 그들에게 가져다 줄 수 있는 유용성에 근거해서 양가죽을 쓰고 춤추는 사람의 모습을 고대 중국인들은 '아름다움'으로 인지한 듯하며, 이러한 인식이 반영된 글자가 미(美)이다. 물론 시간이 지나면서 양가죽의 의미는 퇴색해 갔지만 말이다.

아름다울
미²

그리고 이러한 흔적은 양의 머리를 박제해서 머리 위에 쓴 고관의 부인에 대해 묘사한 고대 중국의 여러 문헌에서도, 양의 모습으로 머리를 장식했던 여러 청동기의 무늬들과 같은 발굴 자료에서도, 무술을 행할 때면 언제나 머리에 양이나 소머리 모양을 가면을 덮어쓰는 풍속 등에서도 여전히 확인 가능하다.

한편, 羞³[부끄러워할 수]는 손으로 양을 잡고 있는 모습으로, 양고기를 바치다는 뜻이다. 물론 손을 나타내는 부분이 이후 丑[간지 이름 축]으로 바뀌었다. 양고기가 맛이 뛰어나기 때문에 이로부터 '맛있는 음식(을 드리다)'이라는 뜻이 있게 되었고, 맛있는 음식을 내 놓을 때에는 으레 겸손 치레를 하기 마련이다. 그래서 다시 '수줍어하다나 '부끄러워하다'는 뜻이 생겨났다. 그리고 羔⁴[새끼 양 고]는 양(羊)을 불[火] 위에 놓고 굽는 모습을 그렸다. 어린 새끼양이 맛있어 즐겨 먹었던 까닭일까? 고(羔)는 '새끼 양'이라는 뜻으로 쓰인다.

부끄러워
할 수[3]

양의 머리. 『중국화상석전집』 제4권 149쪽.

운남성 창원(滄源)에서 발견된 암각화. 머리에 짐승 털 장식을 꽂은 원시인들의 모습. 미(美)자와 비슷하다. 『雲南滄源崖畵的發現與硏究』 23쪽.

힘과 지략을 겸비한 장사
—호걸豪傑과 남성의 아름다움

아름다움을 나타내는 한자로는 어떤 것들이 있을까? 고대 중
국인들은 '아름다움'과 같은 추상적 개념도 언제나 구체적 형
상을 중심으로 그려내었으며, 그 구체적 형상은 사람이나 사
람과 가까이 있는 물체가 주된 대상이었다. 예컨대 美[아름다
울 미]는 사람이 양가죽을 덮어쓰고 있는 모습을 형상했으며,
媚[아첨할/아름다울 미]는 여자[女]의 눈[眉]을 눈썹과 함께
키워 그려 놓았다.

여기서는 우선 남성의 아름다움에 관련된 한자를 살펴보자.
『회남자(淮南子)』라는 책에서는 "지략이 만 사람을 넘는 자
를 英[꽃/빼어날 영], 천 사람을 넘는 자를 俊[뛰어난 준], 백
사람을 넘는 자를 豪[호저/뛰어날 호], 열 사람을 넘는 자를
傑[뛰어날 걸]이라 한다."라고 했다.

아첨할/
아름다울
미[1]

영(英)은 艹(=艸)[풀 초]가 의미부이고 央[가운데 앙]이 소리부
인 구조로, 원래는 식물의 꽃을 의미했으나, 꽃이란 식물에서 가장 중요한
부분이라는 인식에서 뛰어난 사람을 뜻하게 되었다. 준(俊)은 人[사람 인]이
의미부이고 夋[천천히 걷는 모양 준]이 소리부로, '이목이 뚜렷하고 잘 생긴
남자'를 일컫는다. 이를 잘 달리는 말을 지칭하는 駿[준마 준]과 대응시켜 볼
때 능력이 뛰어난 사람을 일컫는 것으로 보인다.

호(豪)는 豕[2][돼지 시]가 의미부이고 高[높을 고]의 생략된 형태가 소리부이다.
원래는 털이 가시처럼 뻣뻣하게 돋아난 멧돼지를 일컫는 말이었으나, 이후

기개가 호쾌하고 재능이 출중한 남자를 일컫게 되었다. 걸(傑)은 인(人)이 의미부이고 桀[3][하나라 왕 이름 걸]이 소리부이다. 하지만 桀도 의미의 결정에 관여하는데, 이는 두 발[舛]이 나무[木] 위에 있는 모습으로, 나무 위에 높이 서 있듯 남보다 뛰어난 사람을 말한다. 물론 지금은 이들 둘이 붙어 '호걸(豪傑)'로 쓰인다.

이밖에 壯[왕성할 장]도 남성미를 일컫는 대표적 글자 중의 하나이다. 장(壯)은 士[선비 사]가 의미부이고 爿[조각 장]이 소리부인데, 사(士)는 남성을 뜻하여, 강건하고 힘 있는 혹은 용맹한 남자를 지칭한다. 홍문(鴻門)의 만남에서 항우(項羽)가 유방(劉邦)의 장수인 번쾌(樊噲)를 두고서 '장사(壯士)'라 칭찬하지 않았던가? 물론 이 때의 '장사'란 무릇 힘을 두고서만 말한 것은 아니리라.

	*
돼지 시[2]	하나라 왕 이름 걸[3]

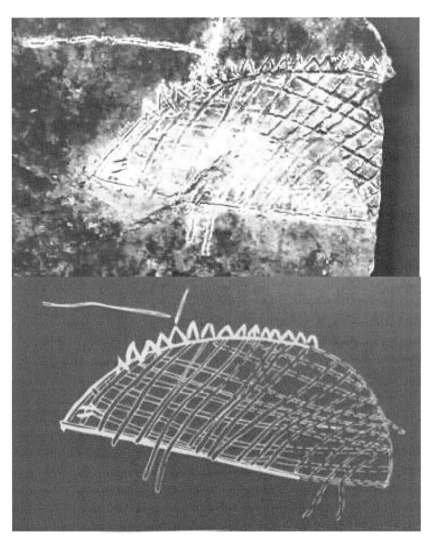

선으로 그린 멧돼지 그림. 신석기 유적지인 경남 창녕군 부곡면 비봉리 패총에서
출토되었다. 약 8천 년 전의 작품으로 추정되는 한국 최초의 멧돼지 그림으로,
멧돼지의 강인한 모습이 간단하면서도 잘 표현되었다. 창녕비봉리패총박물관.

8.03.
교양을 갖춘 진정한 아름다움
―가인佳人과 여성의 아름다움

풍성할
풍[1]

예로부터 중국에서는 여성이 아름다움의 주된 대상으로 인식
되어, 아름다움을 나타내는 글자에 女[여자 녀]가 많이 붙어
있다. 예컨대 妍[고울 연]이나 姣[아름다울/슬기 있을/음란할
교]는 여성의 지적 아름다움을, 妙[예쁠/묘할 묘]는 나이 어린
여성의 아름다움을 나타내며, 姝[예쁠 주]나 娟[예쁠 연], 娃
[예쁠/미인 와/왜], 嬌[아리따울 교] 등도 모두 아름다움을 나
타낸다.

이밖에 여(女)가 들어 있지는 않지만 艶[고울 염]이나 佳[아름
다울 가]도 여성의 아름다움을 지칭하는 한자다. 염(艶)은 달
리 염(豔)으로 쓰기도 하는데, 이는 豐[1][풍성할 풍]이 의미부
이고 盍[어찌 아니할 합]이 소리부이다. 풍(豐)의 아랫부분은
술이 달린 북[鼓]이고 윗부분은 옥[2][구슬 옥]이다. 북은 제사
나 제의 등에서 신을 경건하게 모시기 위해 사용되었고, 옥은 제사 등을 모
실 때 쓰던 예옥(禮玉)을 의미한다. 제사 때 쓰일 옥이 가득 담겨져 있는 모
습으로부터 '풍성하다'는 뜻을 가진다.

한편 이 글자는 豊[예도/절/인사 례]와도 같이 쓰였는데, 이는 신께 제사를
드릴 때 준비하던 예물이라는 뜻으로부터 파생된 용법이다. 예(豊)는 이후
示[보일/땅 귀신]를 더하여 禮[예/예물 예]로 발전한다. 어쨌든 요염(妖艶)함
의 염(豔)이 의미부인 풍(豐)으로 구성된 것으로 보아 이는 여성의 '풍만미'를
지칭했던 것으로 보인다.

옛날에는 오늘날과 달리 다산의 상징인 '풍만'이 아름다움으로 여겨지기도 했으며, 실제 중국의 절세미인이라 불리는 양귀비의 아름다움을 '자질(姿質)이 풍염(豊艷)하다'고 표현했던 것으로 보아 당나라 때의 미인상도 풍만함에 있었음을 알 수 있다. 이후 곱고 아름다운 색깔을 지칭하게 되면서 소리부인 합(盍) 대신에 色[색 색]을 더해 회의 구조가 되었다.

가(佳)는 人[사람 인]이 의미부이고 圭[홀 규]가 소리부인데, 규(圭)는 원래 아름다운 옥(玉)을 말한다. 그런 즉 이는 옥의 아름다움으로 사람의 아름다움을 표현한 것이 된다.

구슬 옥²

또 妖[아리따울/괴이할 요], 媚[아름다울/아첨할 미], 奸[구할/범할 간], 佞[재주 있을/아첨할 녕] 등도 원래는 모두 아름답다는 뜻이었다. 즉 요(妖)와 미(媚)는 여성의 외모의 아름다움을, 녕(佞)과 간(奸)은 재능의 뛰어남을 말하는 것이었다. 하지만 세월이 흐르면서 이들은 점점 나쁜 뜻으로 변하여 '괴이하다'거나 '아첨하다', 혹은 '간음하다'는 등의 뜻으로 쓰이게 되었다. 이는 모두 남성 위주의 세계관이 반영된 것으로, 남성들이 여성을 미의 대상으로 인식함과 동시에 사악한 행위의 제공자로도 인식하고 있음을 알 수 있다.

한 가지 덧붙일 것은 일본 한자에서의 躾[행동할 미]이다. 이는 身[몸 신]과 미(美)가 합쳐진 글자로, 겉보기에는 육체의 아름다움을 뜻할 것 같으나, 실제로는 사람의 아름다움은 교양에서 나온다는 의미에서 '교양이 있는'의 뜻으로 쓰인다. 그렇다면 이 글자는 교양을 갖춘 아름다움이야말로 비로소 '아름다움'인 것으로 인식했다는 말이 된다.

8.04.

한나라 여인들은 헤어 토닉도 발랐다
— 연지胭脂와 화장법

아름다워지고자 하는 욕망은 동서고금을 막론하고 모든 사람이 가지고 있는 대표적 욕망 중의 하나이다. 하지만 그 아름다움에 대한 숭상이 요즘의 우리나라처럼 외모에 집중되는 현상은 세계적으로도 그리 흔한 일은 아니다. 사실, 화장술이 생겨난 것은 오늘날과 같이 외적인 치장이라는 효과보다는 실용적인 이유 때문이었다.

연지(臙脂), 혹은 연지(燕支)라고도 하는 연지(胭脂)는 주로 서역에서 들여온 수입품으로 알려져 있지만 그것이 수입되기 이전에도 脂[비계/연지 지]라는 것이 있었다. 지(脂)는 동식물에 함유된 지방질로서, 요즘 식으로 얘기하면 로션이나 립글로스에 해당되는 것으로 고대 중국에서는 지(脂)를 로션용은 얼굴에 바르는 것이란 의미로 면지(面脂)—주로 추위를 막기 위하여 사용되었다—라고 했고, 입술이 터는 것을 방지하는 립글로스용을 순지(脣脂)라고 칭했다. 하지만 한나라 말 때 나온 중국 최고의 사전인 『석명(釋名)』에는 '순지는 단(丹)으로 만들며 입술과 같이 붉다라고 되어 있는 것으로 보아 시간이 지나면서 이의 미적 기능이 강화되었음을 엿볼 수 있다.

粉[가루 분]은 米[쌀 미]가 의미부이고 分[나눌 분]이 소리부인 구조로, 원래는 쌀가루를 뜻했으나 이후 얼굴을 바르는 분을 뜻하게 되었다. 이는 얼굴을 뽀얗게 보이기 위한 화장품이었던 것으로 보인다.

黛[눈썹먹 대]는 黑[검을 흑]이 의미부이고 代[대신할 대]가 소리부인 구조이지만 대(代)는 의미의 결정에도 관여하고 있다. 대(黛)는 눈썹을 그리는데 사용했던 아이 펜슬과 비슷한 것으로서 『석명』에서는 "대(黛)는 대신[代] 그리다는 뜻이다. 즉 눈썹을 깨끗이 자르고 난 다음 이것으로 눈썹을 그려 넣는 것을 말한다."라고 설명하는 것으로 보아 대(代) 역시 일정 정도는 의미의 결정에 관여하고 있다고 보아야 할 것이다.

한편 이 글자는 부부간의 애정의 상징으로 여겨지기도 하는 데 그 이유는 한나라 선제(宣帝) 때의 한 일화에서 연유한다. 즉, 저명한 관리이자 문자학자였던 장창(張廠)이라는 사람이 언제나 아내의 화장을 도와 눈썹을 그려 준다고 해서 세인들의 입에 오르내리게 되자 선제가 하루는 그를 불러 그게 사실이냐고 물었다. 그러자 "그 얼마나 아름다운 모습입니까? 이것이 부부간의 지극한 애정 표현이 아니고 무엇이겠습니까?"라고 대답한데서 연유한다는 것이다. 그리고 모름지기 눈썹 그리기는 버들잎처럼 가늘고 길게 그리는 것이 최고였던 듯하다. 그래서 '눈썹은 버들잎[柳葉]처럼'이라는 말도 있지 않던가?

이밖에도 澤[못/윤 택]이라는 것이 있는데, 이는 헤어 토닉(hair tonic), 즉 양모제(養毛劑)를 말한다. 한나라 때에 이미 향기를 첨가한 헤어 토닉이 유행했던 것으로 기록되고 있다.

화장하는 여인. 『완월도(浣月圖)』(부분)

8.05.

에헴! 나는 이런 사람이올시다
—전각篆刻과 도장 파기

도장 파는 것을 전각(篆刻)이라 한다. 전(篆)은 전서체를 말하고, 각(刻)은 새기다는 뜻이다. 도장을 팔 때 주로 전서체를 사용했기 때문에, 도장 새기는 것을 '전각'이라 했다.

전각은 중국에서 단순한 도장 파기를 넘어선 중요한 예술 행위의 하나로 인식되어 오고 있다. 조그만 공간에다 상형성이 더 없이 풍부한 한자를 배치하여 자신의 예술적 감각을 마음껏 표현해 내는 전각은 그 무엇에도 뒤지지 않는 훌륭한 예술 행위이다. 그래서 옛사람들은 서화(書畵) 못지않게 전각도 선비가 갖추어야 기예의 하나로 인식했던 것이다.

중국에서의 가장 오래된 도장으로 상나라 때의 청동 도장 몇 점이 대만의 고궁박물원에 보존되어 전한다. 그 역사가 자못 오래 되었음을 알 수 있다. 초기 단계의 도장은 주로 주요 문서를 봉인(封印)하는데 쓰였다. 즉 옛날의 문서는 죽간(竹簡)에다 썼는데, 이를 줄로 묶고 다른 사람이 풀어 볼 수 없도록 하기 위해 묶은 부분을 진흙으로 바르고 이에다 도장을 찍었던 것이다. 옛날의 봉인 방식인 셈인데, 이렇게 진흙에 남겨진 도장 흔적을 봉니(封泥)라고 한다.

이런 목적 때문에 처음에는 주로 관직의 이름을 새겼으나 이후 사람의 이름도 새기게 되었다. 그러던 도장이 실용적 목적 이외에도 예술품으로서, 혹은 서로 간의 마음을 전하는 도구로 쓰이게 되자 도장에다 장수와 부귀를 비는 '장락(長樂)'이니 '일취부귀(日就富貴)'와 같은 좋은 문구를 새겨 넣기도 했으며, 십이지상 같은 장식을 새겨 보기 좋게 꾸미기도 했다. 좋은 문구를 새겨 넣은 도장을 길어새(吉語璽)라 하고 십이지상과 같은 모양으로 장식한 것을 초형새(肖形璽)라 한다.

도장은 한나라에 들어 가장 성행했다. 당시는 예서(隷書)가 표준체로 사용되던 시기이다. 도장이란 것이 정치권력과 자기 신분의 상징이었기에 도장에 새길 문자는 당시에 쓰이던 일상 문자보다는 더 고고하며 쉬 모방하기 힘든, 일반인이 잘 알아보지 못하는 글자체로 새겨야 제격이었는데, 그것이 바로 전서(篆書)였다. 여기서 말하는 전서는 소전(小篆)을 말하는데, 소전은 진시황이 문자를 통일할 때 채택했던 표준 서체를 말한다. 전각이란 바로 전서를 새긴다는 의미이다. 물론 지금은 갑골문(甲骨文)이나 금문(金文), 해서(楷書), 행서(行書) 등 갖가지 다른 서체도 새기지만 말이다.

'상관흑(上官黑)'이라 새겨진 전국시대 때의 도장.

8.06.

청동으로 만들어진 도장

—도장圖章과 인장印章

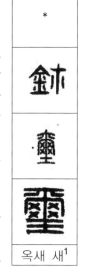

관공서나 법률 사무소, 금융기관 등이 몰려 있는 곳이면 어김없이 즉석에서 도장을 파주는 곳이 있다. 이름만 써 주고 2~3천 원만 주면 목도장을 하나 팔 수 있고, 이를 본인의 상징으로 사용할 수 있다. 하지만 이러한 도장(圖章)이 얼마나 그 사람의 신분을 담보할 수 있을까? 요즈음 들어 몇몇 금융기관에서부터 도장 대신 서명을 사용한다는 소식도 들려오지만 도장은 여전히 우리의 중요한 신분 확인 도구로 쓰이고 있다.

도장을 중국에서는 보통 인장(印章)이라 하며, 인장이라는 말 이전에는 璽[옥새 새]가 쓰였다. 새(璽)는 원래 새(鉩)와 같이 써, 청동을 뜻하는 金[쇠 금]이 의미부고 爾[너/그러할 이]가 소리부인 구조로 되어 있었는데, 이는 초기 단계의 도장이 주로 청동으로 만들어졌기 때문이다. 하지만 이후 옥(玉)으로 도장을 만들게 되자 금(金) 대신 옥(玉)이 첨가되어 새(璽)가 되었다.

진시황이 전국을 통일하고 강력한 왕권을 시행하던 시절, 자신의 도장만을 새(璽)라하고 다른 일반 도장은 印[노상/찍을 인]이라 부르게 했다. 그래서 진나라 이후로 인(印)이라는 단어가 나왔다. 인(印)은 원래 손으로 한 사람을 누르고 있는 모습을 형상하였으며, 굴복시키다가 원래 의미이다. 도장은 손으로 잘 눌러 찍어야 한다는 의미에서 인(印)을 도장이라는 의미로 사용한 듯하다.

옥새 새[1]

章³[장/법/글 장]은 죄인에게 묵형(墨刑)을 가하던 칼을 형상한 후[매울 신]에 문신이 새겨진 형상이 더해진 글자이다. 그래서 이 역시 새겨 넣다는 의미를 가진다. 한나라에 들면서 인(印)과 장(章)이 합쳐져 인장(印章)이라는 말이 만들어 졌다.

圖[그림/꾀할 도]는 그림이란 뜻이다. 도장을 새길 때 밑그림을 그린 후 칼로 새긴다는 의미에서 도장이라는 단어가 만들어 졌을 것이다. 중국에서는 아직 인장을 주로 쓰는 것으로 보아 도장(圖章)은 아마도 일본에서 건너온 단어가 아닌가 싶다.

도장/찍을 인²	장/법/글 장³

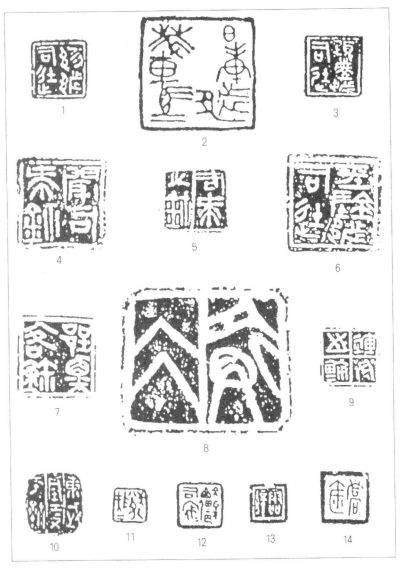

전국시대 때의 각종 도장. 1~3은 북쪽 지역의 연(燕)나라, 4~6은 동쪽 지역의 제(齊)나라, 7~9는 서남쪽 지역의 초(楚)나라, 10~12는 중원 지역 진(晉)나라의 도장 문자이며, 13~14는 개인의 도장 문자이다.

8.07.

신에게 바치는 음악, 고대인들의 남다른 음악사랑

─피리龠와 북鼓

중국 서남부 운남성에 가면 매년 이족(彝族)을 비롯한 여러 소수 민족들이 한자리에 모여 그들의 전통 악기인 노생(蘆笙)을 연주하는 성대한 대회가 열려, 관광객들의 흥취를 한껏 높여 준다.

노생은 생황(笙簧)의 원조로 알려져 있는데, 이는 여러 개의 대나무 관을 하나로 연결시켜 불 수 있도록 만든 화성(和聲) 악기이다. 이와 같은 취관악기를 형상한 글자가 바로 우리 옥편에서 획수가 가장 많은 부수자인 龠[1][피리 약]이다. 이의 아랫부분은 여러 개의 대나무 관을 묶어 놓은 형상이요, 윗부분은 이를 불 수 있는 취구(吹口)의 형상이다. 여기에 소리

피리 약[1]

부인 禾[벼 화]가 보태어지면 피리의 소리가 화성을 이룬다는 의미에서 龢[2][화목할 화]가 되었다. 이는 和[화목할 화]의 옛 모습이자, 지금도 함께 쓰이고 있는 글자이다.

고대 중국에서는 어느 악기보다 타악기가 보편적이었기에 종류 또한 풍부하다. 그 중에서도 鼓[3][북 고]의 왼쪽 부분은 술이 달린 북이 어떤 대 위에 놓여 있는 형상이요, 오른쪽은 북채를 손으로 잡고 있는 모습이다. 또 磬[4][경쇠 경]은 술이 달린 돌을 채로 가볍게 두드리는 모습을 형상한 것이다.

1978년 호북성의 기원전 433년의 것으로 추정되는 한 무덤에서 총 32점으로 된 편경과 65점으로 이루어진 편종이 발견됨으로써 세상을 놀라게 한 적이

있다. 여기서는 편종 이외에도 가죽을 사용한 북, 10현 금(琴), 5현 거문고 [瑟], 18개의 죽관이 연결된 생황, 7구멍 피리[笛] 등이 함께 발견되어 당시의 악기를 한눈에 볼 수 있도록 해 주었다. 聲⁵[소리/들을 성]은 바로 성(殸, 磬의 원래 글자)에 耳[귀 이]가 합쳐진 것으로, 석경 치는 것을 귀 대어 듣고 있는 모습이다. 그리하여 '듣다'니 '소리'라는 뜻이 생기게 되었다.

화목할 화²	북 고³	경쇠 경⁴	소리/들을 성⁵

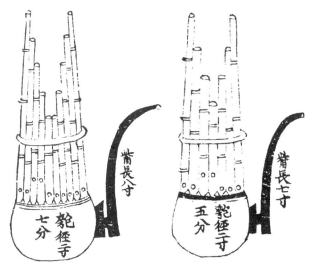

생(笙)(좌)과 화(和=龢)(우). 『악학궤범』

전국시대 때의 편종(編鐘). 1978년 호북성 수현 전국시대 증(曾)나라 무덤에서 발견된 편종으로, 64점의 종과 1점의 박(鎛)으로 되어 있다. 각각의 종에는 그 종이 내는 음이 어떤 음계에 해당되는지, 그 음계가 다른 제후국에서 사용되는 다른 음계와 어떤 관계가 있는지 등을 정확히 기록한 2,800여 자의 명문이 새겨져 있어 당시의 음악을 이해하는데 중요한 자료가 되고 있다.

8.08.

피를 흘려 영혼을 분리시킨 사람들
―문자文字와 문장文章

文[글월 문]의 옛 형태는 사람의 가슴에 어떤 무늬를 새겨 놓은 것을 형상했다. 이것은 앞에서도 말했지만 고대 중국인들이 죽음을 영혼의 육체로부터의 분리라 생각했고, 이 분리는 피 흘림을 통해 이루어진다고 믿었기 때문에 피 흘림 없이 죽은 시체에다 문신을 그려 넣었다. 이것을 그린 것이 문(文)이고 그래서 이의 처음 뜻은 '무늬'이다.

흉악할 흉[1]

문자란 일정한 필획을 서로 아로새겨 어떤 형체들을 그려낸 것이다. 그래서 무늬라는 의미의 문(文)에 '문자', 즉 '글자'라는 의미도 담기게 되었다. 이후 이러한 글자로 써진 것, 즉 '글'을 '문장'이나 '문학작품'이라 하게 되었다. 이렇게 되자 문(文)은 '문자'나 '문장'이라는 의미로 주로 쓰이게 되었고, 처음의 '무늬'라는 의미를 나타낼 때에는 다시 糸[가는 실 멱]을 더하여 紋[무늬 문]으로 표시했다. 물론 멱(糸)이 더해진 것은 베를 짜는 과정에서의 무늬가 생활과 상당히 밀접하게 연관되어져 있었기 때문으로 보인다.

문장(文章)은 글을 아울러 아름답게 엮어 놓은 것을 말한다. 章[글/장 장]은 문신을 새기는 칼[辛]과 먹[墨]이 축적되어 있는 모습을 형상한 글자이다. 그래서 이는 문신이 새겨진 모습에서 '흑색'이나 '색깔'이라는 뜻을 갖게 되었고, 이로부터 문신의 '아름다움'이라는 의미가 파생되었다. 그리하여 글로 써진 문장이라는 뜻으로 쓰이게 되면서 다시 글이나 시의 단락, 나아가 음악의 단락을 뜻하게 되었으니 '장절(章節)'이니 '악장(樂章)'이니 하는 것들이 그런 용법일 것이다.

이렇게 되자 '아름다움'을 나타내는 의미는 장(章)에 彡[터럭 삼]을 붙여 彰[밝을 창]으로 표현하게 되었다. 이는 문신에 의한 색채의 아름다움을 표현한 단어인데, 한자에서 삼(彡)은 색채나 형체, 소리 등의 아름다움을 나타낸다.

예컨대, 彪[범 표]는 범[虎]에 아름다운 무늬가 들어간 것을 말하며, 形[형상형]은 외형의 아름다움을, 彣[문채 문]은 문신의 아름다움을, 彤[붉은 칠 동]은 붉게 칠한 장식을 말하여 붉음의 아름다움을 나타낸다. 또 彩[무늬 채]는무늬나 빛의 아름다움을, 彭[북치는 소리 방/부풀 팽]은 북소리의 아름다움을, 彫[새길 조]는 네모꼴의 방패[周]에다 무늬를 그린 것을 말하며, 彬[빛날빈] 문채와 바탕이 겸비하여 빛남을 말한다. 그리고 彦[선비 언]은 뛰어난 남자, 즉 아름다운 남자를 일컫는다.

문(文)과 비슷한 모습에서 의미를 형상한 것이 凶[흉악할 흉](兇의 원래 글자)이다. 흉(凶)은 가슴 부위에다 문신을 새겨 놓은 것을 형상한 것으로, 액을막기 위한 것으로 보인다. 여기에다 의미의 명확성을 위해 사람의 모습[儿]을 더한 것이 兇[1][흉악할 흉]이다. 흉(凶)은 다시 勹[쌀 포]를 더하여 匈[가슴흉](胸의 원래 글자)으로 변하고, 다시 肉(=月)을 더하여 胸[가슴 흉]으로 발전되었다.

산 사람에 문신을 새기던 풍속은 여러 지역에서 보편적으로 존속되었던 듯하다. 역사서에 의하면 중국의 동남 지역인 오(吳)와 월(越)지역, 동쪽 소수민족 지역, 류우큐우, 대만 등지에서도 이러한 습속이 있었다고 전한다.

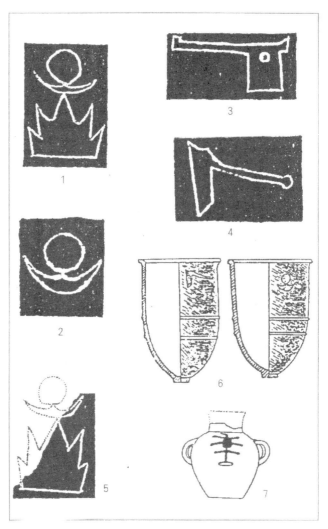

대문구문화 유적지에서 발견된 문자 부호. 1~4는 1960년 산동성 거현 능양하에서 발견되었고, 7은 1959년 산동성 태안현의 대문구문화 유적지에서 발굴되었다. 1과 5는 〈경산(炅山)〉, 2는 빛 경(炅), 3은 큰도끼 월(戉), 4는 도끼/자귀 근(斤), 7은 호(夆)로 해독된다.

取像鳥跡始作文字
辨治万官領理萬事

倉頡

창힐상(倉頡像). 문자를 만들었다 전해지는 전설상의 인물. 사물의 차이점을 잘
관찰하였다는 데서 눈이 4개로 그려졌다.

8.09.

붓 모양에서 파생된 여러 가지 글자

—필기구와 붓筆

붓 필[1]

붓만큼 오랜 역사를 가진 필기구도 없을 것이다. 붓은 진(秦) 나라 때의 몽염(蒙恬)이라는 사람이 만들었다고 전해진다. 하지만 현재 고고 발굴 자료에 의하면 전국시대 때의 묘에서 이미 실제 붓이 발견되었을 뿐만 아니라, 상나라 때의 갑골문에서도 붓에 해당하는 글자가 출현하고 있는 것으로 보아 상나라 당시에 이미 붓이 존재했음을 알 수 있다. 더구나 몇몇 갑골에서는 칼로 새긴 형태가 아닌, 붓으로 써 놓고 아직 새기지 않은 상태의 갑골편이 발견됨으로써 이를 사실로 증명해 주기도 했다.

筆[1][붓 필]의 초기 형태는 聿[붓 율]이다. 이는 손으로 붓을 잡고 있는 모습을 형상한 글자다. 그러나 붓은 주로 대나무로 몸통을 만들어졌기 때문에 이후 竹[대 죽]을 첨가하여 오늘날처럼의 글자로 변화되었다. 오늘날은 그 의미가 확대되어 붓이라고 하면 실제 붓이 아니라 하더라도 모든 필기구를 통칭하는 이름으로 쓰이고 있다. 이는 서구에서의 'pen'이 모든 필기구의 통칭으로 쓰이고 있는 것과 같다.

書[2][글 서]는 붓으로 그릇에 담겨진 먹을 찍고 있는 모습을 형상했으며, 畵[3][그림 화]는 붓을 들고서 그림이나 도형을 그리고 있는 모습이다. 또 肅[4][엄숙할 숙]은 붓으로 자수를 놓을 밑그림을 그리고 있는 모습이다. 원래의 '수놓다'는 뜻으로부터 수놓을 때는 주의력을 집중시켜서 해야 한다는 뜻으로부터 '엄숙하다'는 뜻이 생겼고, 그렇게 되자 원래 뜻을 나타낼 때에는 糸[가는 실 멱]을 보태어 繡[수놓을 수]로 표현했다. 또 建[5][세울 건]은 길에서 손으로 붓을 잡고 설계도를 그리고 있는 모습을 그렸다. 설계도가 만들어져야 건물을 세울 수 있는 법, 이로부터 '세우다'는 뜻이 생겼다.

尹[6][벼슬/다스릴 윤] 역시 변형된 모습이긴 하지만 손으로 붓을 잡고 있는 모습이다. 고대 사회에서 붓을 잡고 국가의 문서를 기록할 수 있었던, 즉 문자를 점유하고 있었던 계층이라면 당연 벼슬아치나 남을 다스리는 계층이었을 것이다. 그런 연유로 해서 이 글자에 '벼슬'이나 '다스리다'는 뜻이 있게 되었다.

이와 꼭 같은 원리로 만들어진 글자가 史[사관 사], 吏[7][벼슬아치 리](使의 본래 글자), 事[8][일 사]이다. 이 세 글자의 경우 갑골문 단계에서는 모두 손에 장식이 잘린 붓을 잡고 있는 모습을 그려 역사나 문서의 기록에 참여하는 행위를 나타냈다. 그래서 당시에는 그러한 행위, 행위자, 행위의 직무라는 의미를 함께 갖고 있었다. 그러던 것이 이후 각각 분화되면서 해당 글자를 만들게 되었는데, '행위'를 중심 의미로 삼은 것이 사(史), '행위자'를 중심으로 삼은 것이 리(吏), 행위의 '직무'를 중심으로 삼은 것이 사(事)이다. 리(吏)는 이후 역사나 문서 기록을 담당하는 사람뿐만 아니라 일반적인 관리도 함께 지칭하게 되자 다시 人[사람 인]을 더해 使[부릴 사]로 분화했다.

*

글 서[2]

호남성 장사 초나라 무덤에서 출토된 전국시대 실물 붓. 길이는 20센티미터, 붓털은 2센티미터 정도이며, 토끼털로 만들어졌다.

	*				
畫	肅	建	尹	吏	事
그림 화[3]	엄숙할 숙[4]	세울 건[5]	벼슬/다 스릴 윤[6]	벼슬아치 리[7]	일 사[8]

종이 없는 세상을 상상할 수 있을까?
—책冊과 죽간

책 책[1]

우리는 현대로 접어들면서 더욱더 주변에 수없이 널려 있는 광고지와 신문, 잡지 등 넘쳐 나는 종이의 홍수 속에 묻혀서 살고 있다. 만약 이 순간 갑자기 종이가 없어져 버린다면 어떤 일이 일어날까? 컴퓨터 운운하며 미래의 시대로 나아가기보다는 오늘은 일단 종이가 없었던 과거의 시대로 되돌아가보자. 알려진 바에 의하면 종이는 105년 한나라 때 채륜(蔡倫)이 발명했다고 하지만 서한 때 이미 삼으로 만들어진 원시적 단계의 종이가 발굴되었다 한다.

하지만 종이가 없던 그 이전 시절, 고대 중국에는 어떤 필사재료들이 있었을까? 현전하는 것 중 가장 시대가 앞서는 것으로는 석기나 도기(陶器)가 있으며, 저 유명한 갑골문(甲骨文)의 거북 껍데기나 동물 뼈, 금문(金文)의 청동기도 있고, 간독(簡牘)문자로 일컬어지는 대나무와 나무[木牘], 그리고 비단 등도 있다. 하지만 그 중에서도 가장 보편적으로 쓰였던 것은 아무래도 대나무를 들어야 할 것이다.

그래서 冊[1][책 책]은 종이가 나오기 전부터 보편적 필사 재료로 사용되었던 대나무를 끈으로 엮어 놓은 형태이다. 책을 엮을 때는 새끼줄이 보통이었으나 중요한 책은 가죽 끈으로 묶기도 했다. 그래서 가죽끈이 세 번이나 끊어질 정도로 공자가 『역경』을 열심히 보았다는 '위편삼절(韋編三絶)'이라는 고사 성어는 바로 여기서 연유하는 것이다.

또한 이러한 책을 두 손으로 받쳐 들고 있거나 탁자 위에다 올려놓은 것이 바로 典²[법 전]이다. 받쳐 들고 있는 책은 중요한 책일 것이니 '경전'이라는 의미가 생겨났다. 그리고 당시에는 죽간에다 글을 기록했기 때문에 오자가 났을 경우 오늘날과 같이 지우개나 수정 액으로 손쉽게 지울 수는 없었을 것이니, 천상 칼로 깎아 내는 수밖에 없었다. 이것이 刪³[깎을/삭제할 산]이다. 책을 칼[刀]로 깎아 내어 수정한다는 뜻이다.

그리고 嗣[대 이를 사]는 독음을 나타내는 司[맡을/벼슬 사]와 의미를 나타내는 口[입 구]와 책(冊)으로 구성된 글자다. 후손이 선조의 대를 잇거나 상속을 받을 때에는 훈시와 함께 문서를 내린다는 의미가 담긴 글자이다.

韋編三絶
위편삼절
wéi biān sān jué

典
典
典
典
법 전²

*
*
刪
刪
깎을/삭제할 산³

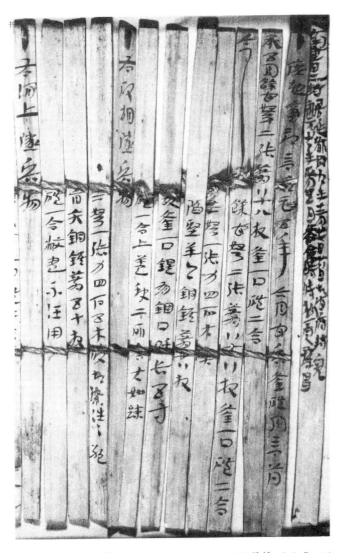

한나라 때의 죽간(竹簡). 1930~1931년 내몽골 거연(居延)에서 출토된 『영원기물부(永元器物簿)』. 총 77쪽으로 구성되었으며, 서기 93~95년 사이에 쓰여졌다. 현재까지 발견된 죽간 중 가장 완전한 '책'의 모습을 한 실물로, 대만 중앙연구원에 소장되어 있다.

각 왕조에서 숭상한 색 이야기

―오색五色과 오행五行

한자에서 색깔을 나타내는 글자는 수없이 많지만 자세히 살펴보면 고대 중국인들의 생활과 밀접하게 연계되어 있음을 알 수 있다. 한자에서 색깔과 관련된 글자를 구성하고 있는 글자들은 앞서 들었던 오색(五色)을 나타내는 글자 이외에도 糸[1][가는 실 멱], 丹[2][주사 단], 玉[구슬 옥], 艸[풀 초], 木[나무 목] 등이 있다.

紅[붉을 홍], 綠[푸를 녹], 素[흴/평상 소], 紫[자줏빛 자] 등과 같이 색깔에 가 장 많이 관여하고 있는 한자는 멱인데, 이는 고대 중국인들의 생활에서 색깔이 주로 옷감의 염색과 관련되었기 때문이다. 멱은 묶어 놓은 실타래의 모습을 형상한 글자이다.

단(丹)은 광정(鑛井)의 모습을 형상한 井[우물 정]과 가로획 [一]으로 구성되었는데, 이는 광정 속에 단사(丹砂)가 있는 모습을 그린 것이다. 단사는 지금의 사천성 지역에서 주로 나는 짙은 붉은 빛의 수은과 유황으로 화합된 광물을 말한다. 붉은 색을 내는 염료로는 단(丹)이 최고였다. 그래서 인주(印朱, 도장밥)의 재료로 쓰이는가 하면, 이 글자가 들어간 彤[붉은 칠 동] 역시 붉은 색을 말한다.

옥(玉)은 여러 개의 옥을 꿰어 놓은 모습을 그린 글자이며, 이는 동양에서 최고의 보석으로 여겨져 왔다. 옥은 사악한 기운을 막아 건강을 지켜 주는 액막이, 부와 지위의 상징물, 혹은 장식물로 사용되기도 했다. 가장 중요한

✕
✕
帛
糸
가는 실 멱[1]

장식물로 사용되었기에 이는 여러 가지 색깔을 지닌 진귀한 옥들이 즐비하다. 대만의 고궁박물원에 가면 그 값비싼 비취옥으로 실제 배추 크기의 모습으로 다듬어 놓은 배추옥이 진열되어 과거 중국 왕실의 화려한 모습을 그려보게 하고 있다. 碧[푸를 벽]은 청록색을 말하며, 瑛[옥돌 영]은 옥색을 말한다.

이밖에도 남색 물감의 원료가 되는 '쪽'을 뜻하는 藍[쪽 람], 회백색이나 얕은 청색을 뜻하는 蒼[푸를 창]을 비롯해서 붉은 색을 뜻하는 朱^3[붉을 주] 등이 있다. 주(朱)는 나무[木]에다 중간 부위를 가리키는 부호[一]가 합쳐진 글자로, 속이 붉은 빛을 띠는 소나무를 말했으나, 이후 붉은 색을 지칭하게 되었다.

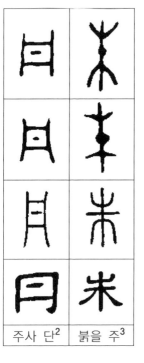

| 주사 단^2 | 붉을 주^3 |

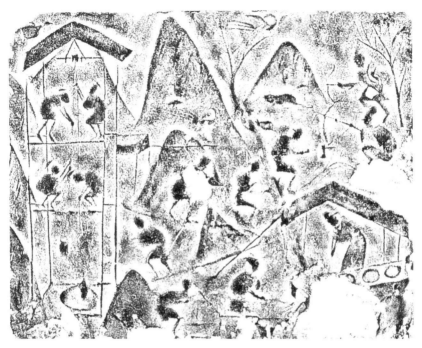

한나라 때의 광정의 작업 모습. 왼쪽에 염수를 채굴하는 망루(槽)가 보인다. 4층으로 된
망루에 4명의 남자가 염수가 든 양동이를 들어 올리는 한편, 다른 쪽 양동이를 내려
보내고 있다. 배경은 산 속에서 사냥하는 모습이다. 한나라 화상석. 로버트 템플,
『그림으로 보는 중국의 과학과 문명』 57쪽.

옷감의 염색에서 나온 색

—색깔과 오색五色

청(靑)・적(赤)・백(白)・흑(黑)・황(黃)을 보통 오색(五色)이라한다. 이 다섯 가지 색깔이 기본색임으로 해서 중국인들은이들을 오행(五行)과 연결시켰으니, 청(靑)은 나무[木], 적(赤)은 불[火], 백(白)은 쇠[金], 黑은 물[水], 黃은 땅[土]의 색깔에해당한다.

그리고 각 왕조에서는 이를 다시 해당 왕조의 기운과 연계시켜 각각에 해당하는 색깔을 숭상하곤 했다. 일반적으로 황제(黃帝)시대는 흙[土], 하(夏)나라는 나무[木], 상(商)나라는 쇠[金], 주(周)나라는 불[火], 진(秦)나라는 물[水]의 덕(德)을 얻어나라를 세웠다고 말해진다. 이후 진(秦)나라를 없애고 나라를 세웠던 한(漢)나라는 黃色을 숭상했는데, 이는 물[水]에 해당하는 진나라를 이길 수 있는것은 오행 중 흙[土]에 해당하므로, 한나라는 흙의 덕을 받았고 흙에 해당하는 색깔은 황색인 까닭이었다.

靑1[푸를 청]은 生2[날 생]과 井[우물 정]이 소리부였으나, 정(井)이 잘못 단(丹)으로 변해 지금처럼 되었다. 생(生)은 땅을 막 비집고 나온 새싹의 모습을형상한 것으로, 아랫부분의 가로획이 땅을 의미한다. 生이 의미부로 쓰인 것은 푸른색이 초목을 재료로 삼아 '나온다'는 뜻에서이다. 하지만 이후 푸른색의 재료가 쪽[藍]이라는 식물임을 직접 표현하기 위해 藍[쪽 람]이라는 글자가 청(靑)의 의미로 쓰이게 되었다. 남(藍)은 艸[풀 초]가 의미부이고 監[볼감]이 소리부인 구조인데, 쪽을 삶아서 이 염료를 추출해 낸다.

赤³[붉을 적]은 활활 타오르는 불[火] 위에 사람의 모습[大]이 그려진 형상이다. 기우제를 지낼 때 사람을 재물로 삼아 바치던 모습이 담겨진 글자이다. 사람이 태울 정도의 강력한 불, 그 불꽃의 색깔을 말함이리라.

白⁴[흴 백]의 글자 형상에 대해서는 여러 해석이 있으나, 손톱의 모습을 그렸으며 이로부터 희다는 의미를 가져왔다고도 한다.

黑⁵[검을 흑]은 먹물을 들인 사람의 이마 모습을 키워 그려 놓은 글자이다. 이는 죄인에게 가해지는 형벌의 하나인 묵형을 그렸으며, 이로부터 검은 색이라는 의미가 생겼다.

黃⁶[누를 황]은 원래 세트를 이룬 패옥(佩玉)의 모습을 형상한 글자로 璜[패옥 황]의 본래 글자였으나 노란색을 지칭하는 의미로 가차되었다.

날 생²	붉을 적³	흴 백⁴	검을 흑⁵	누를 황⁶

09
음식 문화

9.01.
다산과 풍요, 행복의 상징
─물고기魚와 신선함鮮

물고기는 중국에서 전통적으로 물고기가 갖고 있는 다산의 능력 때문에 부유함이나 풍요, 행복의 상징으로 여겨져 왔다. 그래서 중국에서는 한가하게 노닐고 있는 잉어가 등장하는 그림을 종종 볼 수 있으며 지금도 연하장에 '해마다 풍요로 우소서'라는 뜻의 '연년유어(年年有魚)'라는 말을 자주 쓰거나 겉 그림에 물고기를 많이 그린다.

고기 어[1]

이는 魚[1][고기 어]를 중국어로 발음할 때 여유가 있다는 餘 [나머지 여]와 발음[yú]이 같기 때문이기도 하지만 물고기가 갖는 이러한 상징성 때문이다. 또한 물고기 그림은 다산과 풍요, 행복의 상징임으로 해서 결혼을 할 때 축하 그림으로 선사되기도 하며 개업 선물로도 많이 이용된다.

어(魚)는 원래 물고기의 형상을 그린 글자였으나 현대 글자(예서 단계)로 오면서 형체 통일의 과정에서 꼬리 부분이 네 점으로 변해 상형성을 다소 상실했다. 어쨌든 한자에서 어(魚)가 들어가면 모두 물고기와 관련된 의미를 가진다. 漁[2][고기 잡을 어]는 고기를 잡는다는 뜻으로 갑골문에서는 그물이나 낚시를 사용해 물고기를 잡고 있는 모습을 그린 것도 있다.

鮮[신선할/고울 선]은 물고기와 羊[양 양]으로 구성된 글자이다. 여기서의 양 (羊)은 양고기와 같이 맛이 뛰어나다는 의미를 나타내 준다. 그래서 선(鮮)은 맛이 뛰어난 물고기, 즉 살아 있는 혹은 신선한 물고기를 말한다. 지금은 나라 이름으로만 사용되는 魯[3][나라이름 로]의 경우도 원래는 '훌륭하다'는 뜻으로 사용되었다. 이는 원래 물고기[魚]와 입[口]으로 구성되었으나 이후 구(口)가 이후 曰[가로되 왈]로 대체되었다. 즉 이는 입[口] 위에다 추상적인 부호인 가로획[一] 하나를 그려 놓은 것으로 '입 맛'을 표시한다. 그래서 노(魯)는 '물고기의 훌륭한 맛'이라는 뜻을 갖게 되었다.

산동성 남쪽 지역이 해변과 가까워 맛있는 물고기가 많아서였을까? 그 이유에 대해서는 알려진 바는 없지만, 주(周)나라 때에 들어 지금의 산동성 남쪽 지역에 위치했던 나라를 지칭하는 이름(노나라)으로 가차되어 사용되게 되었다.

고기
잡을 어[2]

나라이름
로[3]

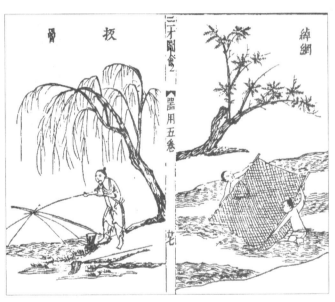

그물을 사용한 고기잡이 모습. 『삼재도회』 1171쪽.

물고기는 다산의 상징이다. 그래서 새해맞이 그림에 자주 등장한다.
'년년유어(年年有魚)'는 '연연유여(年年有餘)'와 같아 "해마다 풍요로우소서"라는
의미를 가진다. 중국의 전통 공예인 종이 자르기(剪紙) 작품.

9.02.
술독을 받들어 존중을 표시하다
—기장黍과 술酒

중국은 술의 나라이다. 최근의 통계에 의하면 중국에는 무려 3만 6천 개가 넘는 양조장이 있다고 한다. 그 만큼 술의 역사도 대단하다. 고대 중국에서 술은 신에게 올리거나 손님 접대에 사용됨으로 해서 어떤 경우에는 음식보다 더 중요하기도 했다.

상나라는 술 문화가 매우 발달한 것으로 정평이 나 있다. 당시의 누룩이 실물로 발견되기도 했는데, 이를 분석한 결과 주로 기장으로 만들었다고 한다. 기장은 달리 고량(高粱)이라고도 하는데, 고량은 우리들에게 고량주나 『붉은 수수밭[紅高粱]』이라는 영화를 통해 잘 알려져 있는 식물이다.

기장 서[1]	마실 음[2]

黍[1][기장 서]는 원래 기장의 모습을 형상한 것으로, 가지와 이삭이 많이 달린 모습이 특징적으로 그려져 있다. 이후 기장을 양조하는데 주로 사용하였기에 다시 水[물 수]를 더하여 오늘날의 모습이 되었다.

酒[술 주]는 수(水)와 酉[간지이름 유]로 구성되어 있다. 유(酉)는 원래 술독을 형상한 글자였으나 이후 간지자의 이름으로 쓰이게 되었다. 尊[높을 존/술그릇 준]은 두 손으로 술독을 받쳐 들고 있는 모습이다. 그래서 '존귀하다'는 뜻이 있음과 동시에 술을 저장해 두는 기물 이름으로 쓰이기도 했다.

또 飮[2][마실 음]의 오른쪽 부분은 사람을 나타내고 왼쪽 윗부분은 입과 혀,

아랫부분은 술독(酉)의 모습을 형상한 것이다. 즉 사람이 혀를 내밀어 술독에 넣고 있는 모습에서 ·마시다는 뜻이 생겨났다. 다만 혀 부분이 뱀의 그것처럼 갈라져 있어 다른 것을 그린 것이 아닐까도 생각해 본다. 이는 진나라 때까지만 해도 음(歆)으로 표기했으나 이후 오늘날과 같이 변했다. 그래서 음(歆)이라고 하면 옛날에는 지금과 같이 음료수를 마시는 것이 아닌, 술을 마시는 것만을 제한적으로 지칭했다.

기장[黍](왼쪽)과 벼[禾](오른쪽).(위키백과)

한나라 때의 화상석에 그려진 술 파는 가게. 머리를 빗어 올린 여인이 독에 담긴 술을 퍼담고 있다. 왼편으로 술을 받아 멜대에 지거나 수레에 싣고 가는 사람들이 그려져 있다.

술을 모르고 중국을 논할 수 없다

―술酒과 두강杜康

술 마시며 노래하세,
우리네 인생 살면 얼마나 산다고.
아침 이슬 같은 우리네 인생,
흘러 버린 세월 너무도 많구나.
가락은 절로 서러워 지고,
맺힌 시름 떨치지 못하네.
어이하면 이 시름 잊을까,
오직 '두강' 뿐이라네.

술 주[1]

천하의 호걸 조조가 적벽대전을 앞두고 읊었다는 「단가행(短歌行)」의 첫 부분이다. 전장에서도 늘 책을 놓지 않고 시를 즐겼다는 조조, 그 때문이었을까? 그의 두 아들 조비와 조식도 당대의 뛰어난 시인으로 우뚝 솟아, 조씨 삼부자는 당시 문단의 삼두마차 역을 톡톡히 해 내지 않았던가? 마지막 구절의 두강(杜康)이란 술을 처음 만들었다는 신화적 인물이다.

중국의 술은 과일주로 시작되는 서양과는 달리 곡물로 빚어진 양조 기술로부터 시작된다. 처음에는 주로 기장이나 수수로 누룩이라는 것을 만들어 썼다. 그 때문에 黍[기장 서]는 기장의 형상 이외에, 술을 뜻하는 수(水)가 보태어진 구조로 형상되었다.

중국 문학은 술에 대한 이해 없이 불가능하다는 말이 있을 정도로 중국의 문인들은 술을 즐겨 했으며, 술에 대한 예찬도 끝이 없었다. '음주'시의 도연명, 죽림칠현 중의 「주덕송(酒德頌)」을 지었던 혜강과 보름 동안이나 술에 취해있었다는 완적, 시의 신선이자 최고의 낭만주의 시인 이태백, '적벽부'의 소동파 등이 그들이다.

酒[술 주]는 배가 불룩 나오고 입이 좁은 술동이에서 술 방울이 떨어져 나오는 형상을 그리고 있다. 배를 불룩하게 하고 주둥이를 좁게 설계한 것은 술 향기의 증발을 막아 술맛을 보존하도록 한 특징적인 설계이다. 그래서 술독을 형상한 酉[열째지지 유]가 들어가면 모두 술과 관련을 지닌다. 酌[잔질할 작]은 술을 따른다는 뜻이요, 醉[술 취할 취]는 술에 취한 것이요, 醒[술 깰 성]은 술에서 깬다는 뜻이다.

*

의원 의[2]

재미나는 것은 醫[2][의원 의]자이다. 이는 상자 속에 화살촉이 들어 있는 医[활집 예]와 손으로 수술 기구를 잡고 있는 모습을 형상한 殳[팔모 창 수], 술독을 형상한 유(酉)로 구성되어 있다. 손에 잡은 도구는 외과용 수술 기구

"죽림칠현(竹林七賢)"을 그린 벽돌 그림(부분). 1960년 남경시(南京市) 서선교(西善橋) 궁산(宮山)의 남조시대 무덤에서 출토되었다. 남쪽 벽의 것으로, 혜강(嵇康), 완적(阮籍), 왕도(山濤), 왕융(王戎) 등이 그려졌다. 다른 쪽 북벽에는 행수(向秀), 유령(劉伶), 완함(阮咸) 등이 그려졌다. 현재 남경박물원 소장.

이고, 상자 속에 든 화살촉은 몸에서 뽑아 낸 것으로 보인다. 그리고 술은 마취, 소독, 약효를 빠르게 하거나 마음을 안정시켜 주는 역할을 하여, 상처의 수술이나 치료에 필수적인 것이었으리라. 즉 화살에 맞아 신음하는 병사를 술을 먹이거나 술을 붓고서 치료하고 있는 모습을 형상하고 있다 하겠다. 이는 그 옛날, 원시적이긴 했지만 부족 간의, 혹은 국가 간의 전쟁이 끊이지 않았던 세태를 반영하는 글자인 듯하다.

조조(155~220)의 '단가행'. 양(梁)나라 소통(蕭統, 501~531)이 편집한 『문선(文選)』제27권 '시'. 세종 2년(1420)에 발간된 것으로 추정되는 규장각 소장 육신주(六臣注) 『문선』.

9.04.

불을 이용한 다양한 요리법

─돌구이庶와 바비큐炙

*
 구울 자/적[1]

화창한 봄날이 되면, 야외로 나가 개울가에서 돌 주워 고기 몇 점 올려놓고 돌 구이 해먹던 생각이 난다. 돌을 잘못 골라 열이 오르면서 쩍 소리 내며 갈라지는 바람에 다칠 뻔한 적도 있지만. 혹 야생 토끼나 아니면 참새라도 잡아 꼬챙이에 끼워 돌려가며 굽는다고 생각해 보라. 이 얼마나 신나는 일인가?

바로 이렇게 불을 피워 놓고 그 위에서 그대로 바비큐 해먹는 모습을 담은 글자가 炙[1][구울 자/적]이다. 즉 불[火] 위에서 고기[肉]를 굽고 있는 모습이다. 그리고 돌 구이를 반영한 글자는 庶[2][많을 서]로, 이 글자의 윗부분은 돌[石]이고 아랫부분은 불[火]이다. 이 돌 위에다 고기나 생선, 야채 등을 놓고 익혀 먹었을 것이다. 하지만 이 글자는 이후 '많다'는 뜻으로 가차되었고 다시 이로부터 '백성'이니 '평민'이니 하는 뜻이 파생되었으며, 돌 구이라는 본래 의미는 다시 쓰이지 않게 되었다.

대만의 가장 대표적인 산으로 아리산이라는 곳이 있다. 해발 2500미터까지 올라가는 협궤 삼림 철도와 원시림을 배경으로 한 낙조, 대만의 최고봉 3997미터 높이의 옥산(玉山)에서 떠오르는 일출 광경은 이곳의 진정한 자랑거리다. 학교 시절 읽었던 살신성인(殺身成人) 이야기의 주인공 오봉(五鳳)선사의 등장 무대이기도 한 그 곳에 가면 원주민이 먹던 것이라 하며 밥을 대나무에 넣어 불에 구워 주는 것이 있다. '죽통 밥'이라고 하는데, 바로 이 모습이 반영된 글자가 爕[3][화할 섭]이다. 이는 불 위에다 통 대나무를 들고서 익히고 있는 모습이다. 그래서 이의 원래 뜻은 '고루 익(히)다'는 뜻인데, 이로부터 '어울리다'나 '조화하다'는 뜻이 생겨나게 되었다.

者[놈 자]는 그릇 속에 콩[叔]을 넣어 삶고 있는 모습이다. 원래 뜻은 '삶다'는 뜻이었으나 이후 '……하는 사람'이라는 접미사로 쓰이게 되자 '삶다'는 원래 뜻을 나타낼 때에는 다시 불[火]를 더하여 煮[삶을 자]로 변화되었다.

많을 서²	화할 섭³	놈 자⁴

대통밥(竹筒飯)

동물의 습성이 글자로 변하다
─개犬와 만족스러움厭

개 견[1]

犬[1][개 견]은 개의 모습에서 치켜 올라간 꼬리를 부각시켜 특징적으로 그리고 있다. 그래서 한자에서 견(犬)이 의미부로 들어가면 모두 '개'와 관련되어 있다.

개는 특성상 군집 생활을 하는 양과는 달리 개별적이고 독립된 생활을 하기를 좋아한다. 이러한 속성으로 인해 의미부인 견(犬)과 소리부인 蜀[나라이름 촉]으로 구성된 獨[홀로 독]은 '단독'이나 '홀로'라는 뜻을 갖게 되었고, 이로부터 독특하다, 특수하다는 뜻이 생겼으며, 다시 '다만'이나 '유독'이라는 뜻까지 갖게 되었다.

또한 개는 두 마리만 모여도 싸우기 일쑤다. 그래서 개를 두 마리 겹쳐 놓은 㹜[서로 물어뜯을 은]은 '서로 싸우다'는 의미를 가진다. 또 獄[옥 옥]은 言[말씀 언]과 은(㹜)이 합쳐져 '말싸움'이라는 뜻이 생겼고, 말싸움의 결과 송사(訟事)를 낳게 되고, 결국에는 감옥에 가게 된다는 의미가 반영된 글자다.

고대 중국에서도 오늘날처럼 개고기를 즐겨 먹었으며, 역시 통째로 불에 구워 먹기를 즐겼던 것 같다. 然[2][그릴 연]은 개고기를 불에 굽고 있는 모습으로, '굽다'나 '태우다'는 뜻이 원래 의미였다. 물론 月[고기 육]은 육(肉)과 같다. 그러나 이후 연(然)이 '그렇다'나 '그러나' 등과 같은 접속사로 쓰이게 되면서 원래 뜻을 나타낼 때에는 火[불 화]를 더하여 燃[태울 연]으로 분화되었다.

또 厭³[싫어할 염]은 입[口]과 개[犬] 고기[月=肉]로 구성된 글자로, 언뜻 보기에 서로 상반되는 '싫증을 느끼다'와 '흡족해하다'는 뜻을 함께 갖고 있다. 하지만 개고기가 맛있는 고기로 인식되었던 까닭에 '배불리 먹었고' 이로부터 '만족하다'는 뜻을 갖게 되었으며, 지나치게 배불리 먹었으니 그 음식에는 '염증을 느낄' 것이다. 이후 독음을 나타내는 厂[언덕 함]이 더해져 오늘날의 형태가 되었다.

개. 사천성 낙산(樂山)시 지만애묘(柿子灣崖墓) 출토.
『중국화상석전집』제8권 12쪽.

*
然
然
然
그럴 연²

*
猒
厭
厭
싫어할 염³

10
시간과 방향

10.01.

해시계로 움직이는 생활 패턴

—아침旦과 저녁昏

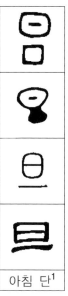

아침 단[1]

고대 중국에는 지금처럼의 시계도 없었고 달리 밤을 밝혀 줄 수 있는 조명도 없었기에, 해가 뜨고 지는 시간에 따라 하루의 생활이 결정되었다.

아침 해가 떠오르는 시간이 바로 旦[1][아침 단]이며, 이때가 바로 활동 개시 시간이다. 旦은 해가 떠오르면서 아래에 햇빛이 반사되어 있는 모습을 형상했다. 해가 뜨면 일찍 들에 나가 일을 하고 돌아와 아침을 먹는다. 이때는 낮 동안의 노동을 위하여 많이 먹어야 하기 때문에 대식(大食)이라 했다. 이는 우리가 어린 시절 아침을 먹기 전 들에 나가 소꼴 한 짐 베 오던 모습과 유사하다. 그래서 이 시간대를 대채(大采)라고 한다. 采[2][캘 채]는 손으로 농작물을 만지고 있는 모습이다. 이 글자는 이후 菜[나물 채]와 採[딸 채], 踩[밟을 채] 등으로 분화되었다.

정오를 태양이 한 가운데 놓이는 시간이라고 해서 일중(日中)이라 했다. 그리고 오후가 되어 시간이 흐르면 그림자가 길게 드리우게 되는데, 이 시간대를 昃[3][해 기울 측]이라 하는데, 이는 해(日)와 그림자가 길게 늘어선 모양을 하고 있다. 이 시간이 지나면 간단한 식사를 하는데, 이를 소식(小食)이라 한다. 식사가 끝나면 해가 완전히 져 어두워질 때까지 나머지 들일을 한다. 이때를 소채(小采)라고 하는데 이때는 이미 해가 서녘으로 완전히 넘어갈 때까지의 시간을 말한다.

해가 지는 때가 바로 莫[4][없을 막/저물 모]인데, 막(莫)은 풀숲 사이로 태양이 지고 있는 모습이다. 이후 부정사로 쓰이게 되자 다시 일(日)을 더하여 暮[저물 모]가 되었다. 또 昏[5][어두울 혼]은 태양이 발밑까지 넘어가 버린 모습을 형상한 것으로, 저녁이라는 의미를 나타낸다. 그리고 달이 떠서 이튿날 해가 뜨기 직전까지의 시간을 夙[6][일찍 숙]이라 하는데, 이는 사람이 달을 멀리 보내고 있는 모습을 형상했다.

캘 채[2]	해 기울 측[3]	없을 막/저물 모[4]	어두울 혼[5]	일찍 숙[6]

10.02.
아름답고 질서 정연한 천체의 운행
─별星과 주일星期

별 성[1]

*

수정/빛
나 정[2]

별은 태양이나 달과 함께 통치자의 예지(叡智)를 상징한다. 하지만 고대 중국인들은 수수께끼 같은 인생의 신비나 천차만별인 개인의 운명 같은 것을 하늘의 아름답고 질서 정연한 천체의 운행과 관련지어 생각했다.

그들은 지구는 우주의 중심이며 다른 성좌는 지구를 중심으로 운행되며 언제나 일상생활과 밀접한 관계를 가지고 있다 생각했다. 여러 행성들 중 크기가 확연히 차이나는 해와 달에는 각기 고유한 이름을 붙였으나 이외의 다른 천체는 통칭하여 별[星]이라고 했다. 星[1][별 성]은 원래 ☌과 같이 반짝반짝 빛나는 별을 형상한 모습이었는데, 이는 현재의 晶[2][수정/빛날 정]자이다. 수정은 마치 밤하늘에 맑고 투명하게 빛을 발하는 별과 같았으므로 이에 '수정'이라는 뜻이 생기게 되었다. 이렇게 되자 의미의 구별을 위해 다시 소리부인 生[날생]을 더하여 성(星)으로 '별'이라는 뜻을 표시하게 되었다.

중국인들은 별자리, 즉 성수(星宿)를 음력 달의 날짜 수처럼 28개로 나누었다 宿[3][쉴 수/떼별 수]는 사람[人]이 (집안[宀]에서) 자리 위에 누워 있는 모습을 형상한 것으로 '집' 혹은 '쉬는 곳'이라는 뜻이다. 그래서 성수는 별자리가 쉬는 곳, 즉 별의 '집'이라는 뜻으로 풀이된다. 28개로 나누어진 별자리는 7개씩 해서 네 곳에 배치되고 이 네 곳은 각각 청룡(靑龍)과 주작(朱雀), 백호(白虎), 현무(玄武)의 네 방향 신[四神]과 관련지어져 있다. 청룡은 동쪽을, 주작은 남쪽을, 백호는 서쪽을, 현무는 북쪽을 지배한다.

뿐만 아니라 일 년의 사계절도 이와 관련지을 수 있는데, 동쪽은 봄, 남쪽은 여름, 서쪽은 가을, 북쪽은 겨울을 상징한다. 그래서 한 달은 4개의 '별의 주기'로 나뉠 수 있고, 이 단위를 '성기(星期)'라 한다. 현대 중국어에서 주일이라는 뜻의 '싱치(星期, xīngqī)'라는 단어는 여기서 기원한다. 또 동·서·남·북의 순서가 중국은 우리와는 달리 동·남·서·북으로 된 것도 이와 같은 영향에서가 아닌가 싶다.

쉴
숙/떼별
수³

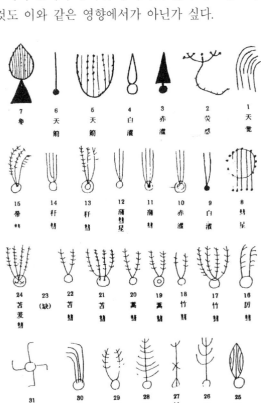

장사 마왕퇴 초나라 무덤에서 발견된 비단에 그려진 혜성 분류도.

「천상열차분야도」. '하늘의 모습을 담고, 그것을 형상하여
차례대로 분야에 따라 그린 그림'이라는 뜻이다. 천상(天象)은
하늘의 모습으로 별과 별자리를 말하고, 열차(列次)는 하늘을
적도를 따라 12차로 나누어 차례대로 배열한 것을 의미하며,
분야(分野)는 북극성을 중심으로 하늘의 구역을 28수로
나누고 이를 지상인 땅에도 적용한 것을 말한다. 천문도에
대한 이런 명칭은 우리나라에만 있는 독특한 이름이자
양식이다.1,464개의 별이 새겨져 있다.(네이버지식백과)

청룡과 백호. 강북(江北) 한나라 때의 무덤 출토. 『중국화상석전집』
제8권 49쪽.

10.03.

눈썹 하얗게 되는 날

—동지冬至와 납월臘月

동지(冬至)는 겨울[冬]에 이르렀다[至]는 뜻으로 이 날부터 한 겨울이 시작된다는 의미이다. 冬[겨울 동]은 가지 끝에 떨어지다 남은 잎을 그렸으며, 至[이를 지]는 화살[矢]이 멀리서 날아와 거꾸로 땅[一]에 떨어지는 모습을 형상했으며, 이로부터 '이르다' '도착하다'는 뜻을 가지게 되었다.

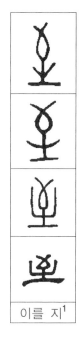

이를 지[1]

동지는 북반구의 경우 태양이 가장 남쪽에 위치할 때를 말하며, 음력으로는 보통 11월에, 양력으로는 대략 12월 22일 전후에 해당된다. 『사기』에서도 "한 해의 절기는 동지에서 시작되며 한 바퀴 돌아 다시 시작된다."라고 한 것으로 보아 동지를 절기의 시작, 즉 한 해라는 시간 주기의 시작으로 본 듯하다. 이는 현대의 시간 개념에서도 태양의 궤도 중에서 태양이 가장 남쪽에 위치하는 점인 동지점(冬至點)을 기준으로 하여 다시 이 지점으로 되돌아 왔을 때까지의 시간을 1년으로 파악하는 것과 완전히 일치한다. 동지의 하루 전날을 작은 동지라는 뜻에서 '소지(小至)'라 한다.

보통 음력 12월을 뜻하는 납월(臘月)이란 단어는 원래 12월에 지내던 제사 이름에서부터 왔다. 즉 동지로부터 세 번째 되는 술일(戌日)을 납일(臘日)이라 했고, 이 날이 되면 온갖 신들께 제사를 드린다고 한다. 이후 납일(臘日)은 음력 12월 초파일로 고정되었으며, 이날에 되면 큰 사찰에서는 '납월 초파일의 죽'이란 뜻을 지닌 납팔죽(臘八粥)을 준비했다 한다. 이 때문인지 아직도 이 날이 되면 '납팔죽'을 먹는 습속이 남아 있다.

동지를 지나면 음력의 마지막 날 밤을 일컫는 제석(除夕)이 있다. 除[덜 제]란 지난 것을 모두 떨쳐 버린다는 의미이고, 夕²[저녁 석]은 저녁이란 뜻으로 반달의 모습을 형상했다. 그래서 한 해의 마지막 날을 세제(歲除)라 하고, 이날 밤을 제석(除夕)이라 하는데, 이날 밤에는 날이 샐 때까지 잠을 자지 않아야 한다는 풍속이 있는데, 한 해 가는 것을 지킨다는 의미에서 이를 '수세(守歲)'라 한다. 이날 잠들면 눈썹이 세 버린다는 말에 끝없이 내려앉는 눈까풀을 비비며 오는 잠을 막던 어릴 적 생각이 난다.

저녁 석²

중국의 납월(臘月)(음력 12월) 세시 풍경. 정공(淨空)선사.

10.04.

여름과 겨울이 없던 그대

—여름夏과 기우제

지난해 여름부터 시작된 가뭄으로 인해 얼마 전까지만 해도 우리는 식수 걱정을 하고 살아야 했다. 과학이 최첨단으로 발달한 오늘날에도 가뭄이라는 재앙의 힘이 이렇게 강렬할진대 옛 고대인들에게는 더없이 무서운 자연 재앙이었으리라. 그래서 가뭄이 들면 흙으로 용을 만들어 황하에 바치기도 했고 산사람을 불에 태워 제물로 하늘에 드리기도 했다. 또 무당을 불러 기우제를 거행하기도 했다.

夏[1][여름 하]는 무당이 비오기를 기원하면서 춤을 추는 모습이다. 오늘날과는 비교가 안될 정도로 가뭄이 자주 들었기에 당시에는 기우제가 일상 행사의 하나였고, 그래서 이러한 모습으로 '여름'이라는 계절의 이름으로 삼았던 것이다.

여름 하[1]

秋[2][가을 추]는 본디 메뚜기와 불[火]로 구성된 글자였으나 이후 禾[벼 화]가 첨가되었고, 다시 메뚜기를 표시한 형체가 탈락되어 지금의 글자를 이루게 되었다. 가을은 수확의 계절이다. 하지만 이때의 가장 큰 적은 메뚜기 떼였다. 펄벅의 『대지』에서 정확히 묘사한비 그대로 광활한 대륙을 뒤덮은 메뚜기 떼는 당시 정말 가공할만한 적이었으리라. 추(秋)는 바로 메뚜기 떼의 공격을 막기 위해 그것을 불태워 죽이는 모습이 반영된 글자이다.

봄은 만물이 생동하는 계절이다. 연노랑으로 온 산을 물들이며 피어오르는 새싹을 보면서 우리는 자연에 경이로움을 느낀다. 그래서 옛 중국인들은 따스한 햇볕 아래 피어오르는 새싹을 그려 놓고서 春[3][봄 춘]을 표기했다. 물론 屯[진칠/언덕 둔]은 이 글자의 독을 나타내는 소리부이지만 땅 속에서 움트는 새싹을 뜻해 의미도 함께 담고 있다.

겨울을 조락의 계절이라 했던가? 이제 그 무성하던 잎들도 하나 둘 다 떨어지고 다음 봄의 새로운 출발을 준비하는 시간이다. 그래서 가지 하나에 떨어져 가는 마지막 잎새 두 개를 그려 놓고 冬[4][겨울 동]을 표시했다. 하지만 동(冬)의 자형을 어떤 이는 윗부분의 ∧이 실의 모습을, 아랫부분의 둥근 부분은 실 끝에 달린 실패의 모습을 형상한 것으로, '실의 끝'을 말하며 이후 糸[가는 실 멱]을 더하여 終[끝 종]으로 변한 것으로 해석하기도 한다.

물론 고대 중국에서 처음부터 일 년을 지금처럼 사계절로 구분했던 것은 아니었다. 즉 갑골문 시대인 상나라 때에는 '봄'과 '가을'만 구분했고 '여름'과 '겨울'의 구분은 주나라 때에 이르러서야 나타난다. '봄'과 '가을'이 '여름'과 '겨울' 보다 먼저 나타난 것은, 먼저 일 년이란 시간 개념을 그들은 곡식의 '수확'을 중심으로 설정했으며, 다음으로 춘(春)과 추(秋)의 글자 창제 원리에서도 볼 수 있듯 '파종'과 메뚜기 떼의 수확에 대한 위협이 그들의 생활에 강한 인상을 남겼기 때문이라 생각된다.

가을 추[2]	봄 춘[3]	겨울 동[4]

남녀노소 함께 하는 수확의 기쁨

—해年와 세歲

오곡 중에서 가장 중요한 곡식은 아무래도 벼였을 것이다. 禾 ¹[벼 화]는 익어 고개를 숙인 벼의 모습을 형상한 것이다. 年² [해 년]은 사람이 볏단을 지고 가는 모습이다. 그래서 년(年)의 원래 뜻은 '수확'이다. 고대인들에게 풍성한 수확이 가져다주는 의미는 더없이 커다란 것이었으리라. 그래서 일 년에 한번 하는 수확을 갖고서 해를 헤아리는 단위로 삼았던 것이다.

벼 아래에 사람(어른) 대신 아이[子]가 들어가면 季³[철 계]가 된다. 이는 수확기에 모든 노동 인력이 다 동원되고 급기야는 집안에서 가장 어린아이까지 동원되어 볏단을 나른다는 의미를 담고 있다. 그래서 '마지막'이나 '막내'라는 뜻을 갖게 되었다. 그래서 계숙(季叔)하면 막내 삼촌이요, 계춘(季春)하면 봄 중의 마지막 달, 즉 음력 3월을 말한다. 이는 이후 '계절'이라는 의미로도 쓰이게 되었다. 그리고 벼를 손으로 잡고 있으면 秉⁴[잡을 병]이 된다. 볏단을 쥐고 있다는 뜻이다.

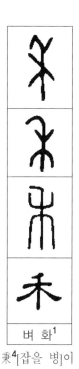

벼 화¹

해를 헤아리는 단위로는 이외에도 祀⁵[제사지낼 사]와 歲⁶[해/목성 세]가 있다. 중국 고대 어휘 사진인 『이아』에 의하면 "하나라 때에는 세(歲)를, 상나라 때에는 사(祀)를, 주나라 때에는 년(年)을 사용했다."라고 한다.

사(祀)를 구성하고 있는 示[보일/땅 귀신 시]는 제단의 모습을 형상했고, 巳 [여섯째지지 사]는 원래 태아의 모습을 형상해 이로부터 '자손'이라는 의미가 생겨났다. 그래서 사(祀)는 자손[巳]이 제단[示] 앞에서 조상에게 제사를 드리고 있는 모습이다. 물론 사(巳)는 의미 결정뿐만 아니라 소리부의 역할도 겸하고 있다. 앞에서도 설명한 바 있듯이 상나라 때에는 그 어느 때보다도 조상에 대한 제사를 중시하고 그 수도 많아서, 제사가 한 바퀴 돌아오는 것을 의미하는 사(祀)로써 해를 헤아리는 단위로 삼았던 것이다.

세(歲)는 날이 둥근 창[戌]과 두 발[止]로 구성된 글자로, 수확의 행위를 구체적으로 표현했다. 그래서 세(歲)의 원래 뜻은 낫으로 곡식을 베는 행위를 말하는데, 이후 세(歲)가 '해'라는 뜻으로 쓰이게 되자 다시 刀[칼 도]를 더하여 劌[벨/상처 낼 귀]로 발전하였다. 이렇게 볼 때 세(歲) 역시 년(年)의 창제 의

파종(위). 앞선 사람은 커다란 낫을 휘두르며 잡초를 제거하고 뒤따르는 사림이 씨를 뿌리고 있다. 사천성 덕양현(德陽縣) 출토 한나라 화상전.
수확(아래). 사천성 대읍현(大邑縣) 안인향(安仁鄕) 출토 한나라 화상전.
사천대학박물관 소장.

미와 같이, 수확의 의미로써 해를 헤아리는 단어로 삼았다 하겠다.

즉 그들은 한 해라는 개념을 지금처럼 1월 1일부터 12월 31일까지와 식이 아닌, 곡식의 수확으로부터 다음 수확 때까지의 한 주기라는 개념으로 이해했던 것이다. 목성을 세성(歲星)이라 부르듯 세(歲)는 달리 '목성'을 의미하기도 하는데, 그것은 목성의 자전 주기가 약 12년이며 고대 중국에서는 간지를 사용해 날짜를 나타내었기에, 이의 자전 주기가 12간지와 맞아떨어심으로 해서 해를 헤아리는 단위인 세(歲)로 '목성'을 나타내었던 것 같다.

이렇듯 고대 중국인들은 한 해라는 시간적 개념을 이번 수확에서 다음 수확까지, 혹은 이번 제사에서 다음 제사까지라는 식의 주기라 인식했으며, 그 주기의 산정 기준을 그들 생활에서 가질 수 있는 가장 중요한 일과 관련지어 표현했음이 매우 특징적이다.

해 년[2]	철 계[3]	잡을 병[4]	제사지낼 사[5]	해/목성 세[6]

세발 달린 솥

—정鼎과 연호年號

기원전 116년 어느 여름날, 지금의 산서성 분수(汾水) 유역의 분양(汾陽)이라는 곳에서 청동으로 된 세발솥[鼎]이 하나 발굴되었다. 그러자 조정의 온 신하들은 '하늘이 한(漢)나라 제국을 도와 커다란 덕을 내릴 길조'라 떠들어댔다. 급기야 이 솥은 종묘에 보관되어 극진한 대접을 받는 한편, 이를 위해 「경성가(景星歌)」라는 노래가 지어졌고 이 해를 기점으로 '원정(元鼎)'이란 연호를 사용하도록 했다. 지금의 입장에서 보면 춘추시대의 진(晉)나라의 한 제후가 소장했던 조그만 솥을 두고서 이렇게 난리 법석을 떨었던 것은 세발솥에 새겨진 명문(銘文)을 해독하지 못해 일어난 해프닝이 아닐 수 없다.

여기서의 鼎[솥 정]은 발이 세 개, 귀가 두 개, 둥그스름한 배를 가진 솥을 그대로 그린 글자이다. 솥은 세 발의 둥근꼴이 기본이지만 네 발의 네모꼴도 있는데 이를 '방정(方鼎)'이라 한다.

솥 정[1]

연호는 이렇듯 한 나라의 발전과 영원하길 기원하는 뜻에서 사용되어 왔다. 하지만 연호가 언제쯤부터 쓰이게 되었는지에 대한 정확한 기록은 없다. 지금껏 남아 있는 가장 이른 연호는 한나라 문제(文帝) 17년(기원전 163년) 때의 '후원(後元)'이 그것이다. 이후 중국의 연호는 많은 변화를 거치면서 1911년 중화민국이 성립될 때까지 2천년 이상 사용되었다. 명·청 이후로는 한 왕이 하나의 연호를 사용하였으나 그 이전에는 그렇지 못했다. 그래서 한 왕이 여러 개의 연호를 사용한 적도 있는데, 한나라 무제는 무려 11개, 송나라 인종(仁宗)은 9개의 연호를 사용하기도 했다. 중화민국에 들어서는 연호

대신 중화민국 몇 년 식으로 사용했고, 1949년 중화 인민공화국이 들어서고
서는 서기를 사용하고 있다.

연호에 담긴 뜻을 보면 대체로 '응천(應天)'이나 '천흥(天興)'처럼 하늘로부터
명을 받았다거나, '신력(神歷)'이나 '대성(大聖)'처럼 신성한 기운, '태시(太始)'
나 '개원(開元)'처럼 새로운 시대의 시작, '대덕(大德)'이나 '순화(淳化)'처럼 덕
치(德治), '안정(安定)'이나 '영녕(永寧)'처럼 안정, '천수(天壽)'나 '연수(延壽)'처
럼 영원하길 기원하는 바람이 들어 있다. 이는 역대 연호에 쓰인 글자들이
安[편안할 안], 德[덕 덕], 大[큰 대], 光[빛 광], 和[화목할 화] 등의 순으로 쓰
이고 있다는 통계에서도 확인할 수 있다.

鼎卣　　　　　鼎卣　　　作父己鼎　　　改盨蓋

成 4745.1 周早　　　成 4746.1 周早　　　成 2252 周早　　　成 4414 周中

금문에 표현된 다양한 정(鼎)자들. 정(鼎)의 특징인 세 개의 발과 두 개의 귀, 그리고
둥근 배가 잘 그려졌다. 고대 중국에서 정(鼎)은 청동기의 대표적인 기물이자.
권위와 권력의 상징으로 여겨졌다.

진시황이 사수(泗水)에서 솥을 건져 올리고 있는 모습. 하나라 우(禹)임금 때 처음
만들어졌다는 국가 정통성의 상징인 구정(九鼎). 이후 하나라의 멸망과 함께 상나라,
주나라의 수도로 옮겨 다니던 구정이 주나라 현왕(顯王) 42년(기원전 327년)
사수(泗水)에 빠지고 만다. 진시황 28년(기원전 219년)이 천하를 통일하고 전국을
순시한 후 돌아오는 길에 사수 속에 잠겨 있는 구정을 발견하고서는 구정을 건져내어
제국 건설의 정통성을 확보하고자 모든 수행원들을 동원해 인양 작업에 착수했다. 강
속의 정을 시슬로 묶어 다 끌어올릴 때쯤 갑자기 용이 나타나 시슬을 끊는 바람에
수중 인양 작업은 실패하고 이후 구정은 영원히 물속에 잠기고 만다. 하지만
중국인들은 11세기에 이르러 회병(懷丙)이라는 승려에 의해 부력을 이용한 수중 인양
작업에 성공하는데 이는 서구의 경우 20세기에 들어서야 응용된 인양 방법이었다.
산동성 무씨사당에서 발견된 화상석, 80쪽.

10.07.

추상적인 글자의 놀라운 추리

—실현既과 미실현即

한자에서 가장 기본적인 문자 형태를 들라면 아무래도 사물의 모양을 본떠 만든 상형 문자를 꼽아야 할 것이다. 하지만 구체적으로 형상을 가지고 있는 물체는 비교적 수월하게 그 모양을 따서 문자화한다 할지라도 눈에 보이지도 않는 추상적 개념, 예를 들어 '곧'이나 '이미'와 같은 부사어들은 어떻게 만들어 내었을까? 한번 상상력을 발휘해 보자.

고대 중국인들이 그려낸 이러한 개념에 해당하는 한자를 보면 감탄을 금할 수 없다. '곧'이라는 개념을 即[1][곧 즉]이라는 글자로 표현했다. 이 글자는 두 부분으로 구성되어 있는데, 앞부분은 식기[食]를 나타내고 뒷부분은 사람을 형상한 것으로 밥 상 앞에서 사람이 앉아서 식사를 '막 하려고 하는' 모

곧 즉[1]

습이다. 여기서 食[2][밥 식/먹일 사]은 윗부분이 뚜껑이고 아랫부분이 음식을 담아 놓은 그릇으로, 김이 뿜어져 나오는 모습이 생동적으로 묘사되어 있다. 그래서 한자에서는 식(食)이 들어가면 모두 식사나 음식과 관련된 의미를 지니게 된다. 예컨대 養[기를 양](羊이 소리부이다), 饑[굶주릴 기], 饉[흉년 들 근], 飮[마실 음], 飼[먹일 사] 등이 그러하다.

더욱 놀라운 것은 여기에다 머리를 뒤로 홱 돌리고 있는 모습을 강조하여 그려 놓고서는 식사가 '이미 다 끝났다'는 의미를 표현했다. 이것이 바로 既[3][이미 기]이다. 또한 식기를 중심으로 두 사람이 마주 보고 앉아 있으면 鄕[4][시골 향]이 된다. 향(鄕)의 원래 뜻은 '식사를 대접하다'는 뜻이었으나, '시골'이라는 의미가 가차된 이후 원래 뜻을 나타낼 때에는 식(食)을 다시 더한 饗

[대접할 향]을 사용하게 되었다. 향(鄕)은 달리 卿[벼슬 경]으로 해독되기도
하는데, 이는 주인과 손님이 마주앉아 함께 식사하는 모습에서 '손님'이라는
뜻이 있게 되었다. 여기서 다시 의미의 단위가 한 단계 높아지면서 '벼슬아
치'라는 뜻으로 파생되기도 했고, 친구 간이나 남을 부를 때의 존칭으로 사
용되게 되었다.

밥 식[2]	이미 기[3]	시골 향[4]

식사 모습. 위는 화상석에 표현된 한나라 때의 식사 모습. 자리를
깔고 바닥에 앉아 있다. 한나라 때까지는 기본적으로 이러한 모습이
유지되었으나 동한 후기부터 수·당에 이르는 시기에는 평상을 펴고
그 위에 앉아 식사를 했다. 아래는 당·송 이후의 식사 모습으로
음식을 탁자 위에 두고 등받이 없는 의자에 앉아 식사하는 양식이
보편화되었다.

10.08.
옛것은 보내고 새것을 맞다
―송구영신送舊迎新

한 해가 저무는 연말이면 늘어나는 망년회(忘年會)로 인해 즐거움과 동시에 몸살을 앓는다. 하지만 필자는 망년회라는 용어를 그리 좋아하지 않는다. 이는 실제로 망년회가 일본에서 건너온 한자 어휘이기 때문이기도 하고, 이 단어가 지나온 한 해를 잊어버린다는 지극히 단순한 의미만을 띠고 있기 때문이기도 하다. 사실 한 해가 가는 마당에 우리에게는 어쩌면 잊어버려야 하는 것보다는 오히려 기억해야 할 것이 훨씬 많을 지도 모른다.

이런 이유 때문인지는 몰라도 요즈음은 망년회 대신 송년(送年)모임이라는 말이 늘어나고 있는 추세인 것 같다. 하지만 송년(送年)에도 미래 지향적인 의미가 담겨 있는 것은 아니다. 한 해를 마무리하는 시점에서 우리가 더욱 관심 두어야 할 것은 다음 해에 대한 계획과 설계일 것이다.

다음해에 대한 계획과 설계가 다 포함된 단어가 바로 '송구영신(送舊迎新)'이다. 그야말로 가는 해를 보내고 새 해를 맞는다는 말이다. 여기서 送[보낼 송]은 두 손으로 불을 받들고 있는 모습과 辵(=辶)[쉬엄쉬엄 갈 착]이 합쳐진 모습이다. 이는 결혼할 때 시종에게 횃불을 밝혀 따라 보내던 모습을 그린 것이며, 이로부터 보내다나 송별하다는 뜻이 생겨났다. 옛날에도 여자가 시집을 갈 때나 남자가 장가를 갈 때가 아마도 가장 큰이별이었던 듯하다. 이 때, 횃불을 들고 있는 것

*
(인장 모양의 한자 이미지)
(전서체 한자 이미지)
送
보낼 송[1]

*
*
(전서체 한자 이미지)
迎
맞이할 영[2]

은 결혼식이 해가 진 뒤의 저녁에 이루어졌기 때문이다.

舊²[옛/낡을 구]는 의미부인 萑[달 환/익모초 추]과 소리부인 臼[절구 구]로 구성된 글자로, 원래는 부엉이와 같이 뿔 모양으로 솟은 눈썹을 가진 새를 일컫는 말이었으나 이후 옛 것이라는 뜻으로 쓰이게 된 글자이다. 迎³[맞이할 영]은 卬[나 앙]이 소리부이고 착(辵)이 의미부로, 맞아들인다는 의미이다. 新⁴[새 신]은 도끼로 나무를 찍어 넘기는 모습으로, 땔나무를 뜻했다. 하지만 이후 새로운 것이라는 뜻으로 가차되면서 원래의 땔나무라는 의미는 薪[땔나무 신]으로 대체되었다.

어쨌든 '송구영신(送舊迎新)'은 오늘이라는 개념을 과거와 미래의 관계 속에서 설정한, 옛사람들의 지혜가 유감없이 발휘된 표현이라 하겠다.

옛/낡을 구³	새 신⁴

떠오르는 해와 12띠의 시작

─새해 아침元旦과 쥐鼠의 해

새해 아침이 되면 누구나 떠오르는 태양을 보면서 한 해를 설계하고 복된 한해가 되기를 빈다. 새해 아침을 뜻하는 원단(元旦)은 한 해에 있어서의 가장 첫 아침이라는 뜻이다.

元[1][으뜸 원]은 원래 사람의 머리 부분을 키워 그려 놓은 모습이다. 그래서 원(元)은 처음에는 머리[頭]라는 뜻이었고, 이후 머리를 형상한 둥근 점이 가로획으로 변해 지금처럼 되었다. 사람의 몸에서 머리가 가장 위에 위치해 있고 제일 중요한 부분이기에 '처음'이나 '으뜸'이라는 뜻을 갖게 되었다. 사람의 정면 모습에 머리를 그려 놓고 '하늘[天]'을 표시했던 것처럼 사람의 머리로써 '으뜸'이라는 의미를 표현한 것이 인상적이다. 사람을 중심으로 사고했던 중국인들의 사유 구조가 배어 있는 글자이다.

으뜸 원[1]

旦[2][아침 단]은 해가 막 떠오르는 모습을 형상했다. 해[日]의 아랫부분에 표시된 것은 해가 해면 위로 완전히 떠오르지 않았거나 아니면 해가 해면에 비친 모습을 형상한 것으로 보이며, 이후 가로획으로 변해 지금처럼 변했다. 단(旦)은 하루에 있어서 가장 이른 시간을 말한다. 그래서 원단(元旦)은 원래 음력 정월 초하루를 지칭했다. 하지만 지금은 양력 정월 초하루를 일컫고, 대신 음력 정월 초하루는 '신년(新年)' 혹은 '춘절(春節)'이라 부른다.

12띠 중에서 쥐의 해가 처음이다. 鼠[3][쥐 서]는 쥐의 모습을 형상한 글자로, 윗부분은 쩍 벌린 입에 예리한 이빨이 그려져 있고 아랫부분은 발과 몸통,

꼬리를 그렸다. 그리고 竄[숨을/달아날 찬]은 쥐[鼠]가 달아나 구멍[穴]에 숨는다는 의미를 그린 글자이다. 쥐는 예로부터 풍부한 음식을 옮기고, 얻어내고, 쌓아 두는 능력 때문에 근면과 번영의 상징으로 여겨져 왔다. 병자(丙子)년 쥐띠 해에는 이러한 쥐처럼 더욱더 근면하고 성실한 우리의 삶을 일구어 나갔으면 한다.

쥐 서²

쥐를 주제로 한 새해맞이 그림(歲畫), 『목판화』 113쪽.

10개 천간과 12개 지지의 결합
—60갑자甲子와 기년법紀年法

1997년 새해가 밝았다. 세기말을 3년밖에 남기지 않은 시점의 첫시작이라 그런지 더욱 가슴 설레면서도 다른 한편으로는 한 세기가 마감되어 가는 데 대한 두려움도 없지 않다. 옛 선인들의 말씀처럼 하루의 계획은 아침에 세우고 한 해의 계획은 새해 첫날 세운다고 했던가? 이제 서서히 세기말을 마감하고 새로운 세기를 향해 희망찬 발걸음을 내딛어야 할 때이다.

지금은 1997년처럼 숫자를 사용한 해 기록법[紀年法]이 보편적으로 쓰이고 있지만, 이러한 방법은 서양으로부터 들어 온 것이다. 그러면 이러한 기년법이 들어오기 전 동양에서는 어떤 기년법을 사용해 왔을까?

1997년을 정축년(丁丑年)이라 하듯 간지를 사용한 방법이 주로 쓰였음을 쉽게 알 수 있을 것이다. 간지란 10가지의 천간과 12가지의 지지를 합친 말로, 전통적으로 동양에서는 숫자의 차례를 이 10개와 12개의 조합을 사용하여 60개를 하나의 주기로 삼아 표시했다. 예컨대 우리의 '갑오경장(甲午更張)'이나 '기미독립(己未獨立)', 중국의 '무술정변(戊戌政變)'이나 '신해혁명(辛亥革命)' 등이 대표적 예일 것이다. 간지의 사용이 상나라 때에 이미 응용되었던 것은 사실이나 기년법에 활용된 것은 상당히 뒤의 일이다. 일반적으로 간지를 사용한 기년법은 동한(東漢) 원화(元和) 2년(서기 85년)때에 시작된 것으로 알려져 있다.

간지로 해를 기록하던 방법이 나오기 전에는 연호(年號)를 사용해 해를 표시했는데, 당나라 때의 '정관(貞觀)의 치(治)'니 일본의 '명치유신(明治維新)'이니 하는 것들이다. 그리고 연호를 사용하기 전에는 또 '주(周)나라 무왕(武王) 위년(元年)'이니 '노(魯)나라 효공(孝公) 27년(年)'이니 '제(齊)나라 장공(莊公) 25년(年)'이니 하는 식으로 왕의 이름을 직접 사용하여 해를 기록하던 형식이 사용되었다. 그렇게 본다면 왕의 제위 햇수로써 해를 표시한 것이 가장 오래된 기년법인 셈이다.

甲子 jiǎzǐ 1	乙丑 yǐchǒu 2	丙寅 bǐngyín 3	丁卯 dīngmǎo 4	戊辰 wùchén 5	己巳 jǐsì 6	庚午 gēngwǔ 7	辛未 xīnwèi 8	壬申 rénshēn 9	癸酉 guǐyǒu 10
甲戌 jiǎxū 11	乙亥 yǐhài 12	丙子 bǐngzǐ 13	丁丑 dīngchǒu 14	戊寅 wùyín 15	己卯 jǐmǎo 16	庚辰 gēngchén 17	辛巳 xīnsì 18	壬午 rénwǔ 19	癸未 guǐwèi 20
甲申 jiǎshēn 21	乙酉 yǐyǒu 22	丙戌 bǐngxū 23	丁亥 dīnghài 24	戊子 wùzǐ 25	己丑 jǐchǒu 26	庚寅 gēngyín 27	辛卯 xīnmǎo 28	壬辰 rénchén 29	癸巳 guǐsì 30
甲午 Jiǎwǔ 31	乙未 yǐwèi 32	丙申 bǐngshēn 33	丁酉 dīngyǒu 34	戊戌 wùxū 35	己亥 jǐhài 36	庚子 gēngzǐ 37	辛丑 xīnchǒu 38	壬寅 rényín 39	癸卯 guǐmǎo 40
甲辰 jiǎchén 41	乙巳 yǐsì 42	丙午 bǐngwǔ 43	丁未 dīngwèi 44	戊申 wùshēn 45	己酉 jǐyǒu 46	庚戌 gēngxū 47	辛亥 xīnhài 48	壬子 rénzǐ 49	癸丑 guǐchǒu 50
甲寅 jiǎyín 51	乙卯 yǐmǎo 52	丙辰 bǐngchén 53	丁巳 dīngsì 54	戊午 wùwǔ 55	己未 jǐwèi 56	庚申 gēngshēn 57	辛酉 xīnyǒu 58	壬戌 rénxū 59	癸亥 guǐhài 60

간지 순서표. 10개의 천간과 12개의 지지가 결합하여 60개를 만들며 이것이 한 주기가 된다.

좌우로 구별되는 존비의 구분

—왼쪽左와 오른쪽右

계급 개념이 철저했던 고대 중국에는 존비(尊卑)의 구분이 매우 중요했기에 군신 간에도, 부자간에도, 남녀 간에도, 음양에도 높고 낮음이 있었고, 심지어는 방향에도 높고 낮음이 있었다.

존비의 개념이 반영된 방향 중 대표적인 것이 左[1][왼 좌]와 右[2][오른 우]이다. 좌(左)는 원래 왼쪽 손을, 우(右)는 오른쪽 손을 형상한 글자이다. 이 중 고대 중국에서는 아무래도 우(右)보다는 좌(左)를 더 숭상했던 것 같다.

『노자』에 "길사에는 왼쪽을 숭상하고, 흉사에는 오른쪽을 숭상한다."라는 말이 있는 것으로 보아 왼쪽을 길한 것으로, 오른쪽을 흉한 것으로 생각했던 것 같다. 이러한 생각은 『예기』나 『순자』, 『좌전』 등에도 그대로 나타나고 있어, 왼쪽은 양이요 오른쪽은 음이라든지, 남자는 왼쪽으로 가고 여자는 오른쪽으로 간다든지, 수레를 탈 때에는 왼쪽이 높은 자리라는 식으로 표현되고 있다.

이 모두 왼쪽이 오른쪽 보다 그 지위가 높았던 증거가 된다. 하지만 이러한 개념은 진·한 시대에 접어들면서 오른쪽을 숭상하는 쪽으로 변하게 된다. 『사기·진승상세가(秦丞相世家)』에 의하면 우승상이 제일 높고 좌승상이 그 다음이라고 했다. 지금에 이르러서는 우(右)에는 '숭상하다', '고귀하다', '높은' 뜻이 있는 반면, 좌(左)에는 '정상이 아닌', '나쁜'이라는 뜻도 가지게 됨으로써 우(右)는 높음의 상징이요 좌(左)는 낮음의 상징이 되었다.

왼 좌[1]

그리고 동서남북에도 존비의 개념이 들어 있었다. 잘 알다시피 임금은 남향을 하고 앉으며, 신하는 이와 반대로 북향을 하고 앉는다. 문무 신하들이 왕을 향해 도열해 앉을 때에는 문신은 동쪽에 무신은 서쪽에 앉는다. 즉 임금 쪽에서 보아 왼쪽으로는 문신이, 오른쪽으로는 무신이 자리한 것이다.

뿐만 아니라 손님 접대 시에도 방향의 높고 낮음이 있다. 『사기·항우본기』에는 항우와 유방, 그리고 항백과 범증이 함께 홍문(鴻門)에서 회합을 하는 장면이 나온다. 주인이라 할 수 있는 항우와 항백은 동쪽을 향해 앉고, 항우의 장군인 범증은 남쪽을 향해 앉고, 손님이었던 유방을 말석인 북향을 해 앉도록 했다. 유방 일행을 안전에도 두지 않았던 항우의 거만함이 보이는 장면이다.

오른 우[2]

어쨌든 방향에도 존비가 있기에 지금도 중국에서는 손님을 접대 때나 연회에 나갈 때에는 자리를 잘 골라 앉아야지 그렇지 않으면 낭패를 당하기 십상이다.

홍문의 연회에서 만난 항우와 유방. 제일 오른쪽이 항우고 항우와 마주 앉이 대직을 하는 이가 유방이다. 가운데 있는 이가 항장(項莊)으로 칼춤[劍舞]을 추고 있다. 왼쪽은 항백과 장량으로, 원래는 앉아서 술시중을 들고 있었으나 항장이 칼춤을 추어대자 불안한 듯 반쯤 일어선 모습을 하고 있다. 하남성 남양에서 출토된 화상석.

'그대(항우)는 한왕(유방)을 해치지 마소서'라는 내용을 주제화한 공막무(公莫舞)의 한 장면. 홍문의 연회에서 장량에게 뒷일을 부탁하고 인사도 없이 몰래 달아난 유방, 그를 대신해서 장량이 항우와 범증에게 사죄쪼로 옥을 선물하자 분노한 범증이 칼을 뽑아 옥을 부셔버리는 장면이다. 하남성 남양에서 출토된 화상석.

10.12.

하늘과 영적 힘의 상징
—동쪽과 용龍

동녘 동[1]

*

무지개
홍[3]

동양에서 방향은 지극히 중요하다. 그래서 집을 지을 때에도, 묘를 쓸 때에도, 심지어 이사를 할 때도 방향을 따진다. 전통적으로 방향은 동서남북의 네 가지였으나 음양오행설의 영향으로 다시 중앙을 더하여 다섯 가지로 인식되었다.

東[1][동녘 동]은 일반적으로 태양[日]이 나무[木]에 걸려 있는 모습, 그래서 해가 떠오르는 방향인 '동쪽'을 뜻하게 되었다고 설명해 왔다. 그러나 이는 적어도 전국(戰國)시대 이후의 변화된 글자 모습에 근거한 해석이지, 원래의 모습은 아니다. 동(東)의 원래 의미에 대해서는 의견이 분분하지만 상나라 갑골문에 보이는 형상에 의하면 분명히 '양끝을 동여매어 놓은 자루'의 모습이며, 이후 독음이 같음으로 해서 '동쪽'이라는 의미가 가차되었다는 것이 일반적인 설명이다.

전통적으로 동쪽에 상응되는 방향신은 '용'이다. 龍[2][용 용]은 상상의 동물인 용을 형상한 것이다. 용은 중국인들이 가장 숭상하는 상징적 동물이며 줄곧 지고의 영적 존재, 무한히 변화하는 예지와 힘을 가진 신비의 동물로 인식되어 있다. 그래서 중국인들은 자신들을 '용의 자손'이라 부르기도 하고, 초월적 절대적 힘을 상징하기 때문으로 해서 '황제'의 표지가 되기도 했다. 이는 용이 '파괴적인 악'의 상징으로 대변되는 서양과는 매우 대조적이다. 또 용은 풍작을 가능케 하는 비를 내려 줄 수 있는 것으로 인식되었기에 용을 통해 강우를 기원했는가 하면, 무지개도 용이 만들어 낸 것으로 생각했다. 虹[3][무지개 홍]이 바로 이 글자인데, 용 두 마리가 물을 내뿜고 있는 모습이다.

초기의 용은 갑골문 단계에서와 같이 뿔이 있고 입을 쩍 벌리고 있는 모습이 특징적이다. 하지만 이후 상상력이 더해져 '수사슴 뿔, 낙타 머리, 토끼 눈, 뱀 목, 조개 배, 잉어 비늘, 독수리 발톱, 호랑이 발바닥, 암소 귀'가 종합된 용으로 변했다.

동쪽의 상징인 푸른 용[蒼龍]. 미앙궁(未央宮)의 동쪽
전각에 쓰였던 것으로 추정되는 한나라 때의 와당.
직경 19.3센티 미터. 『신편진한』 332쪽.

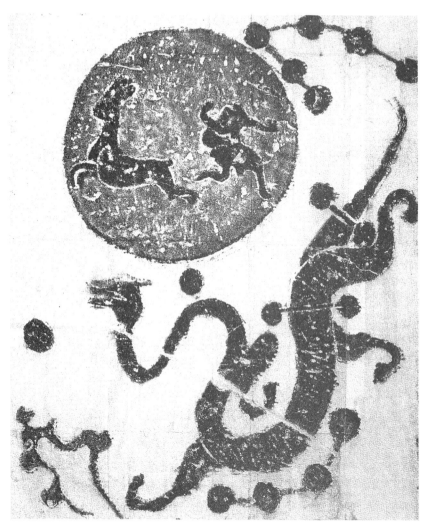

'청룡의 성좌'. 남양(南陽) 완당(玩堂) 출토. 『중국화싱식전집』 제6권 85쪽.

땅과 물질적 힘의 상징

—서쪽과 호랑이虎

西¹[서녘 서]는 갑골문에 의하면 바구니처럼 짜인 기물 모양을 하고 있다. 이를 두고 혹자는 새 둥지의 모습을 형상한 것이라고도 한다. 새가 둥지로 돌아갈 때는 해가 질 무렵이므로 해서 새가 둥지로 돌아가는 방향, 즉 '서쪽'이라는 의미를 가지게 되었다 한다.

서쪽에 상응하는 방향 신은 여러 가지가 있었다. 『예기 · 예운』편에서는 기린, 『주례』에서는 곰, 『예기 · 곡례』에서는 호랑이라 했지만, 최종적으로는 호랑이가 대표적인 방향 신으로 남게 되었다. 그래서 백수의 왕인 호랑이는 오행에서 금(金)에 해당되고, 서쪽과 가을을 상징하며, 용(龍)이 하늘의 상징과 영적 힘의 상징이라면 호랑이는 땅과 물질적 힘의 상징이 되었다.

서녘 서¹	호랑이 호²

虎²[호랑이 호]는 호랑이를 상형한 것으로, 쩍 벌린 입과 몸의 얼룩무늬가 특징적으로 그려져 있다. 彪³[범 표]는 호(虎)와 몸의 털을 나타내는 彡[터럭 삼]으로 구성된 글자다. 호랑이의 털이 강조되어 그려진 글자이다.

고대 중국에는 여러 가지 놀이가 있었겠지만, 마치 투우를 하듯이 호랑이를 놀리는 놀이도 있었던 것 같다. 戱⁴[놀이 희]는 바로 창[戈]으로 호랑이를 놀리는 놀이를 표현하고 있으며, 이후 올라 설 수 있는 받침대의 일종인 두(표)가 첨가되어 오늘날의 형태로 변했다. 그리하여 이는 놀이를 나타내는 대표적 단어로 굳었으며, '희롱하다'는 뜻까지 가지게 되었다.

또 맨 손으로 호랑이와 싸우는 모습이 반영된 글자도 있는데 바로 虢[5][손톱자국/나라이름 괵]이다. 이는 『수호지』에 나오는 무송 이야기처럼 두 맨손으로 호랑이를 잡고 싸우는 모습이다. 그래서 이 글자에는 '용맹스럽다'는 뜻이 있게 되었고 이후 '털을 제거한 가죽'이라는 뜻도 가지게 되었다.

*	*	*
(그림)	(그림)	(그림)
(그림)	(그림)	(그림)
(그림)	(그림)	(그림)
범 표[3]	놀이 희[4]	손톱자국/나라이름 괵[5]

서쪽의 상징인 흰 호랑이[白虎]. 미앙궁(未央宮)의 서쪽 전각에 쓰였던 한나라 때의 와당. 직경 18.5센티 미터. 『신편진한』 333쪽.

호랑이 길들이기, 하남성 당하(唐河) 풍군유인묘(馮君儒人墓) 출토. 『중국화상석전집』 제6권 28쪽.

창으로 호랑이를 놀리는 놀이를 그린 그림. 꼬리를 치켜 든 호랑이가 입을 쩍 벌리고 맹렬하게 달려들고, 짧은 옷을 입은 오른쪽의 주인공이 긴 창을 두 손으로 잡고 호랑이 입을 찌르고 있다. 『중국화상석전집』 제6권 19쪽.

10.14.

부활, 불사의 상징
─남쪽과 봉鳳

南¹[남녘 남] 역시 東[동녘 동]이나 西[서녘 서]와 같이 해석에 논란이 많은 글자이지만, 일반적 통설에 의하면 이는 매달 수 있는 종 모양의 악기를 형상한 것으로, 이 악기가 남방의 악기이거나 남쪽에 진설(陳設)한데서 '남쪽'이라는 의미가 생겼다는 것이다.

남쪽에 상응하는 방향신은 봉새이다. 봉새는 '불의 새'임으로 해서 전통적으로 '부활', '불사', 불에 의한 죽음과 재생을 상징한다. 또 '황제'의 상징인 용과 대응하여 '왕비'를 상징하기도 한다. 이는 아마도 봉새의 모습이 아름답고 화려한 데서 연유한 듯하다. 하지만 이후 용의 모습에서와 마찬가지로 상상력이 덧보태어져 수탉 머리(태양을 상징), 제비 등(달을 상징), 날개(바람을 상징), 꼬리(초목을 상징), 다리(땅을 상징), 오색(五德을 상징) 등이 종합되어 현재의 모습으로 변했다.

남녘 남¹

鳳²[봉새 봉]은 온갖 화려함이 다 더해진 봉새를 형상한 글자이며, 이후 소리부인 凡³[대강 범]이 첨가되었다. 이후 봉(鳳)을 수컷이라 하고 암컷을 凰[봉새 황]이라 하여 '봉황(鳳凰)'으로 함께 쓰이게 되었다. 그리고 '불'과 관련되었기 때문에 불의 색인 붉은 색을 더하여 '붉은 봉황', 즉 주작(朱雀)이라 부르기도 한다.

이 글자는 이후 두 글자로 분화되는데, 하나는 봉(鳳)이요 다른 하나는 風⁴[바람 풍]이다. 봉(鳳)은 범(凡)과 鳥[새 조]로 구성된 반면, 풍(風)은 범(凡)과

虫[벌레 충]으로 구성되었을 뿐이다. 일반적으로 봉새가 바람과 깊은 관련을
갖고 있음으로 해서 '바람'이라는 의미
도 갖게 되었다고 한다. 하지만 이들
봉(鳳)과 풍(風)의 원래 독음이 같음으
로 해서 서로 빌려 썼을 가능성도 배
제할 수 없다.

범(凡)은 원래 돛대를 형상한 모습이다.
하지만 이후 '대강'이라는 뜻으로 쓰이
게 되자 '돛'이라는 원래 뜻을 나타낼
때에는 巾[헝겊 건]을 더하여 帆[돛 범]
이 되었다.

(봉새 봉 갑골문)	(대강 범 갑골문)	(바람 풍 갑골문)
(봉새 봉 금문)	(대강 범 금문)	(바람 풍 금문)
(봉새 봉 소전)	(대강 범 소전)	(바람 풍 소전)
(봉새 봉 예서)	(대강 범 예서)	(바람 풍 예서)
봉새 봉²	대강 범³	바람 풍⁴

남쪽의 상징인 붉은
봉새[朱雀].
미앙궁(未央宮)의 남쪽
전각에 쓰였던 것으로
추정되는 한나라 때의
와당. 직경 15.8센티
미터. 『신편진한』
335쪽.

10.15.

장수, 불사의 상징

―북쪽과 거북이龜

北¹[북녘 북]은 두 사람이 서로 등지고 있는 모습으로, '등지다'는 모습이 원래 뜻이었으나 이후 '북쪽'이라는 뜻으로 가차되었다. 그래서 이후 '등지다'는 뜻으로 쓰일 때는 肉(月)[고기 육]을 더하여 背[등질 배]로 분화되었다. 패배(敗北)라는 어휘에는 아직도 이러한 원래 뜻이 남아 있다.

북녘 북¹

이 북쪽에 상응하는 방향신은 거북이다. 거북은 겨울을 상징하며, 태초의 혼돈 상태를 나타내는 검은 색이 바로 거북의 상징 색이다. 龜²[거북 구/귀]는 거북의 측면 모습을 형상한 글자이다. 거북은 자신을 보호할 수 있는 껍데기를 갖고 있고 완만한 호흡과 충분한 수분 및 영양분을 체내에 보존해 둘 수 있는 습성 때문에 줄곧 '장수'나 '불사'의 상징이 되어 왔다.

뿐만 아니라 거북은 미래를 점칠 수 있는 신비한 힘을 갖고 있는 것으로 생각되어 상나라와 주나라 초기에는 주로 거북 껍데기로 점을 쳤다. 이 경우 등 껍데기에 홈을 파서 불로 지진 후 그 갈라지는 흔적을 보고서 길흉을 점쳤다. ⼘³[점 복]은 바로 거북 껍데기의 갈라진 흔적을 형상한 글자이다. 또 占⁴[점칠 점]은 점괘인 복(⼘)과 이를 보고 점괘를 말한다는 의미인 口[입 구]가 합쳐진 글자다. 그래서 점치다는 뜻이 있게 되었다.

거북 구/귀²

하지만 우리와는 달리 중국의 경우 거북처럼 그 사회적 지위가 떨어진 경우도 드물 것이다. 즉 길조와 장수의 상징이어서 신탁(神託)의 매개물로 쓰이던 거북이 원(元)나라에 접어들면서부터 좋지 않은 상징물로 변하게 되었다. 거북의 머리가 남성의 성기와 같이 생겼다고 해서 욕으로 쓰이는가 하면, 심지어 거북이 해변에다 알을 낳아 놓으면 지나가던 자라가 이를 수정해 새끼를 부화시킨다고 해서 '아비도 모르는 자식'이라는 심한 뜻도 가지게 되었다. 실로 신성함의 대표에서 가장 심한 욕으로까지의 날개 없는 추락이었다.

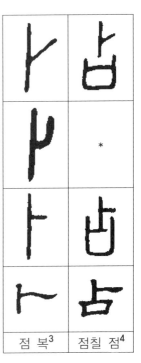

점 복[3]	점칠 점[4]

북쪽의 상징인 검은 거북[玄武]. 미앙궁(未央宮)의 북쪽 전각에 쓰였던 것으로 추정되는 한나라 때의 와당. 직경 18센티미터. 『신편진한』 337쪽.

현무(玄武). 한나라 화상석. 『중국화상석전집』 제8권 62쪽.

보는 태도에 따라 규정되는 의미
—보다視와 보이다見

'해보다', '먹어보다', '가보다', '물어보다', '살펴보다', '돌아보다', '찾아보다', '들어보다', '맡아보다', '만져보다' 등등에서부터 심지어 '그렇게 될까보다'에 이르기까지. 무수한 동작은 물론 청각, 촉각, 후각 등에도 '~보다'가 붙었으며, 심지어 걱정 어린 추측에까지 '~보다'가 결합했다. 가히 시각중심의 문명이라 할만하다.

우리말만 그런 게 아니라 중국어도 그렇다 더했으면 더했지 모자라지 않을 것이다. 이와 관련하여 '보다'에 관련된 한자를 살펴보기로 하자.

見[볼 견/나타날 현]은 한 사람이 꿇어앉아 있는 모습에 눈을 커다랗게 키워 그려 놓았다. 무엇을 보고 있는 모습이다. 그리고 覓[구할 멱]은 윗부분의 손(爪)과 아랫부분의 見으로 구성된 글자로, 어떤 사물을 손으로 헤치며 본다는 의미를

볼 견/나타날 현¹

형상했다. 그리고 視[볼 시]는 견(見)에 발음을 표시하는 示[보일 시]가 합쳐져 만들어진 글자이다.

監[볼 감]은 한 사람이 꿇어앉아 왼쪽의 그릇(皿)을 쳐다보고 있는 모습이다. 그릇에다 자신의 얼굴을 비추어 보고 있다는 뜻이다. 옛날 동경(銅鏡)과 같은 거울조차 없던 시절, 커다란 대야에다 물을 부어 놓고 잔잔한 수면에 얼굴을 비추어 보면서 거울의 대용으로 삼았다. 그래서 감(監)에는 살펴 보다는 뜻이 생겼으며, 이후 '감독하다'나 '감시하다'는 뜻으로 쓰이게 되었다. 명

(皿) 대신 견(見)이 들어가면 覽[볼 람]이 된다.

또 望³[바라볼 망]은 위의 눈의 형상(臣)과 사람이 서 있는 모습(壬)으로 구성된 글자로, 멀리 바라본다는 의미를 형상했다. 이후 대상을 구체화하기 위해 달(月)을 보태어 오늘날과 같은 글자로 변했다. 달을 바라보고 있는 모습으로부터 달구경하기가 가장 좋은 때인 '보름'이라는 의미도 생겨났다. 그래서 음력 보름밤을 망(望)이라 하고 '보름달'을 망월(望月)이라 한다.

위에서 소개한 글자들은 모두 '보다'는 뜻을 공통적으로 갖고 있다. 하지만 이들 간의 차이를 말하자면, 시(視)는 주체의 의지가 담겨진 '보다'는 뜻이요, 망(望)은 '멀리 바라보다'는 의미요, 견(見)은 의지가 담겨지지 않은 '보다'는 뜻으로 사실은 '보이다'는 뜻으로 풀이될 수 있을 것이다. 그래서 이들 글자 중 견(見)만이 유일하게 피동형을 나타내는 문법소로 쓰일 수 있다. 또 멱(覓)은 상당히 적극적으로 어떤 대상을 찾아 헤매는 행위를 말하며, 감(監)은 자신을 되돌아보는 것을 비롯해 다른 사람을 감시한다는 의미를 갖고 있다.

볼 감²	바라볼 망³

찾아
보기

참고문헌

김용진, 『한국민속공예사』, 학문사, 1988.

엘버틴 가우어, 강동일(옮김), 『문자의 역사』, 새날, 1995.

조선일보사, 『집안 고구려 고분벽화』, 조선일보사, 1993.

조셉 니덤·로버트 템플, 과학세대(옮김), 『그림으로 보는 중국의 과학과 문명』, 까치, 1993.

中村金城, 『조선풍속화보』, 대제각, 1975.

許進雄, 홍희(옮김), 『중국고대사회』, 동문선, 1991.

吳曾德, 『漢代畫像石』, 단청, 1986.

張繼中(編), 『朱仙鎭木版年畫』, 大象出版社, 2002.

(明) 徐光啟, 『農政全書』, 岳麓書社, 2002.

(明) 宋應星, 『天工開物』, 江西古籍出版社, 2002.

(明) 王圻, 『三才圖會』, 上海古籍出版社, 1998.

江繼甚(編), 『漢代畫像石(漢風樓藏)』, 上海書店出版社, 2000.

高晉民(編), 『陝西人民剪紙賞析』, 陝西人民出版社, 2003.

郭沫若(主編), 『甲骨文合集』, 中華書局, 1982.

中國畫像石全集編纂委員會, 『中國畫像石全集』, 河南美術出版社, 2000.

Kwang-Chih Chang, *The Archeaology of Ancient China*, Yale Univ., 1986.

하영삼, 『한자어원사전』, 도서출판3, 2014.

하영삼 교수의 **한자정복** 삼부작

『연상한자』 문화를 따라 꼬리에 꼬리를 무는 한자
『부수한자』 어원으로 읽는 214부수 한자
『뿌리한자』 150개 문화어휘에 담긴 지혜의 깊이

하영삼(河永三)

경남 의령 출생으로, 경성대학교 중국학과 교수, 한국한자연구소 소장, 인문한국플러스(HK+)사업단 단장, 세계한자학회(WACCS) 상임이사로 있다. 부산대학교 중문과를 졸업하고, 대만 정치대학에서 석·박사 학위를 취득했으며, 한자에 반영된 문화 특징을 연구하고 있다.

저서에 『한자어원사전』, 『100개 한자로 읽는 중국문화』, 『한자와 에크리튀르』, 『한자야 미안해』(부수편, 어휘편), 『연상 한자』, 『한자의 세계: 기원에서 미래까지』, 『제오유의 정리와 연구(第五游整理與研究)』, 『한국한문자전의 세계』 등이 있고, 역서에 『중국 청동기 시대』(장광직), 『허신과 설문해자』(요효수), 『갑골학 일백 년』(왕우신 등), 『한어문자학사』(황덕관), 『한자왕국』(세실리아 링퀴비스트, 공역), 『언어와 문화』(나상배), 『언어지리유형학』(하시모토 만타로), 『고문자학 첫걸음』(이학근), 『수사고신록(洙泗考信錄)』(최술, 공역), 『석명(釋名)』(유희, 선역), 『관당집림(觀堂集林)』(왕국유, 선역)등이 있으며, "한국역대자전총서"(16책) 등을 공동 주편했다.